落ちこぼれでも大丈夫!

1か月で偏差値20伸ばす芦澤式学習法

成績オール1、学校嫌い、学習障がいでも
「学力と心を豊かに育める」指導法教えます!

翼学院学院長
芦澤唯志

産学社

一人ひとりに翼をあげる！
翼学院物語
ー学院長　立志編ー
進学補習から当塾での高卒、大卒、就職支援まで（提携校　星槎学園）
集ぇ！　学習が苦手な
平成維新の志士たち！
未来が変わる
出会いのある塾

発達障がいや学習障がいと言われた人たち
不良や不登校のレッテルをはられてしまった人たち
どうか悲観しないでください
あなたたちには無限の可能性があります
たとえば明治維新の偉業は幕府や藩の学校出身のエリートではなく
郷士（下級武士）や脱藩者市井の私塾の出身者が中心になってなされました
かく言う私自身が学校や社会からの外れ者でした今日は そのお話をさせていただきます
翼学院　学院長
芦澤唯志《あしざわただし》
暴力的な父のせいで壊れてしまった家庭で育った私は——

1

中学 高校では
ケンカにあけくれる問題児でした
当然 成績はいつも最低レベル…
現語 4 4 4
古文 1 1
数学 1 1
生物 2
日本史 2
世界史 3
しかし 高校のときたまたま応募した文芸コンクールで優秀賞になり――
表彰状
ひょっとしてオレって才能ある？
将来はマスコミか
出版関係の仕事に就きたいな…
…ってこのままじゃヤバいじゃん！
高三の冬になっていたのであわてて猛勉強し…
なんとか現役で早稲田大学政経学部に入学
やったぁ〜！
このとき 自分で考えついた突貫工事の勉強法（約半年で早慶上智に合格した効率のよい学習法）が今の「芦澤式」のベースになっています
その後大学時代から二四年間ずっと「芦澤式」を使った学習指導を続けてきました…
さて――希望どおりマスコミの世界に入った私は

憧れていたビートたけしさんの会社のホームページをプロデュース
ラジオに出演したり本を出したり講演会を行なったり
なにもかもうまくいっている幸せの絶頂期でした
ところが私の父の自殺未遂で妻がノイローゼになり結婚生活が破綻うつ病になってしまいます
病気のため仕事もできなくなりどん底にいたとき――
障がいをかかえて苦しんでいる子どもたちと接する機会を得ました
この施設では…
はぁ…
子どもたちを見て別れた娘を思い出し苦しくなりました
どうしたの?さびしそうだよ…

3

アスペルガー障がい
（コミュニケーション能力に問題）
をもつ
小さな子どもが
私のことを想いやってくれたのです
そうだ！
私は子どもたちのために働こう…
障がいをもっていたり不良ということで学校からはじき出された子どもたちには
きっと 私の子どもへの想いと「芦澤式」勉強法が役に立つはず！
しかし せっかく生涯の目標にむかって歩み始めた私でしたが――
センセー
センセー
これ見てー
昼は公立小学校に勤務
夜は翼学院で学習指導という仕事漬けの生活がたたり急性膵炎で入院
生死の境をさまよいました

4

オレはもう ダメかも…
このときも 教え子たちの 言葉に はげまされ…
あ…
がんばってるよ
はハーフマラソンを
完走したよ。
先生がんばって！
病気に負けないで！
決意をあらたに したのです
本当にこの仕事を 選んでよかった…！
5
その後 教室長として 翼学院の 立て直しに尽力し 葛飾区水元地域で 学習困難生徒の 指導に専念
「学校でどうにも ならない生徒を どうにかしてくれる塾」と 地域の評判をいただくように なりました
そして 翼学院のオーナー 鈴木さんの 全幅の信頼を得て
おまかせします
私が学院の 代表取締役に——

アスペルガー障がいのため　中三までまったく勉強ができなかった子どもが　学費免除の特待生として高校に合格
「手のつけられない不良」と言われた子は塾で英語が大好きに…塾推薦で入った進学校で外交官をめざして頑張ってます
ほとんど学校に行かなかった子も五倍の難関を突破して都立高校に入学と――次々にミラクルがおきています
さらに　この度私が日本共生科学会の理事に就任したことをきっかけに　翼学院は星槎学園グループと提携して高等部　大学部を設立
さまざまな事情から進学できない方々のために高校　大学卒業の資格取得をサポートします
この学院からたくさんの子どもたちが羽ばたいていくのが私の無上の喜びです

はじめに

翼学院（２０１２年1月現在　東京都葛飾区水元本部校、西水元校、京成線青砥駅前校）

過去合格実績例

私立中学合格実績▽渋谷学園幕張、巣鴨、浦和実業、足立学園（特奨）、帝京大系列帝京、日大豊山、土浦日大、二松学舎柏、駒込（スーパーアドバンス）……

高校合格実績▽両国、駒場、竹早、小松川、白鴎、文京、産業技術高専……日大一高、日大豊山、東洋大附属牛久、東海大浦安、足立学園（文理）……

※私立中・高とも3年間学費免除の特待生も輩出

「なんだ進学塾の実績にしては、たいしたことないんじゃないの？」その通りです。しかしこれらの学校に合格した塾生の**スタート地点の偏差値が28～30前半**（データ　中学受験▽**首都圏模試、高校受験▽Wもぎ**）、**さらには葛飾の公立小中校の学年内で下位30人程度内に入っていた**と知ったら、「う～ん」と唸って下さる方も多いことでしょう。「そんなミラクル起こせるわけないじゃん！」受験生を持つ保護者の方や受験指導に携わる方からの、こんな声も聞こえてくる気がします。「**学校で何ともしてくれない子を何とかしてくれる塾**」「**学習困難な児童・生徒を必ず進学させてくれる塾**（進学率100％）」これが地元・葛飾での翼学院の評判です。居酒屋の裏の10畳程度の小さな教室から始まった翼学院が私が学院長に就任してからわずか2年で2校舎に増え、この原稿を書いている学期の途中でも入塾者がとどまるところを知らないのも、卒業生の皆さんが翼学院の指導方法に共鳴し、周囲の方々に入塾を勧めてくださるからです。開校から遡ると、兄、姉、弟、妹と既に4代に亘り通塾してくださっているご兄弟もいます。

当塾の学習指導メソッドは、私の名前から取って「芦澤式」と呼ばれています。**学習障がいと診断された子、成績オール1の子など、学習が著しく苦手な子たちが、この「芦澤式」を学ぶと、不思議と入試問題が解けるようになります。また小論文や面接でしっかりと自己表現できるようになります。**なぜでしょう？　このメソッドは門外不出、ツバサ生だけに代々、日々進化させながら伝授してきました。教員になる教育実習生も、大学の講義の一環として学びに来るメソッドです。入試問題を出題する先生の心理を読み取り編み出した必勝法です。公開してしまっては翌年の入試から裏をかかれてしまったり、真似をされたりするかもしれません。しかし、様々な地域からひっきりなしに見学に来て下さる保護者や教育関係者の「うちの地域にも翼学院があったら……」という声や独特なメソッドとその驚くべき成果（実績）に注目してくださる出版関係者に後押しされて、翼学院のオリジナルメソッドを公開することを決意しました。

キーワードは「型」の習得と思考訓練、学習方法。タイプ別モチベーションアップの方法や家庭環境・親子関係の整え方も公開します！

合格を勝ち取るまでの間、必ずと言っていいほど塾生の保護者の皆様から、家庭環境に関する相談を頂きます。学力向上には家庭環境が重要です。具体的な事例で環境の整え方をご紹介します。日本全国の学習困難なお子さんが学力を向上させ、志望校に合格して、将来の夢を実現することができるように、本書を活用いただければ幸いです。

翼学院・ツバサ受験指導会　学院長　芦澤唯志

Contents

第5章 〝芦澤式〟面接・小論文突破法

Contents

Contents

第１章

“芦澤式”学習指導法

教育関係者、保護者が心得ておくべき視点

1 翼学院の講師研修▽〝観察↓分析↓対策↓指導↓評価〟の反復

「私たちの仕事は医師の仕事に似ています」翼学院に入社した社員が受講する講師研修のテキストの出だしはこの言葉から始まっています。

「学習指導に一番大切なことは何でしょうか?」

この問いかけに、講師経験豊富なつもりの中途採用講師は「生徒をグングン引っ張っていくカリスマ性」と答えました。不要とまでは言いませんが、残念ながら一番に必要なことではありません。

また新卒講師は「子どもとのコミュニケーションスキル」と答えました。先ほどの答えよりはまだマシですが、答えがちょっと抽象的すぎます。

私が社内外での講師・教員研修で、学習指導にあたって一番重要だと述べていることは、〝観察〟です。良好なコミュニケーションも、成績が向上する指導も、すべてこの〝観察〟から生まれるのです。これは医師で例えるならば、「診察」です。診察なくして治療方針は立てられません。**学習指導の現場では、**

〝観察→分析→対策→指導→評価〟の反復です。指導現場を例に詳しく述べましょう。

2 観察と分析

①コミュニケーション現場での"観察"と"分析"

中2の男子Aくんの英語の個別指導を初めて担当するので事前に塾生情報に目を通していた、ある学習塾の新人講師の目にAくんがサッカー部に入っていることが留まりました。「よし、俺も大学生の時、サッカーサークルに入っていたんだ。これなら仲良くなれる！」講師は自己紹介で自分もサッカーをやっていること、またAくんの学校のサッカー部は強いのか、ポジションはどこなのか、など矢継ぎ早に質問しました。これに対してAくんは、「はい」とか「いいえ」と言葉短く答えるだけで、しまいには黙り込んでしまいました。焦った講師は、Jリーグやワールドカップの話など、さらにサッカーの話題を続けたのですが、ついにAくんはうつむいたまま顔も上げなくなってしまいました。仕方なく講師は雰囲気を変えようと学習指導に入りましたが、Aくんはテキストも開かずずっとうつむいたままです。

●さて講師の対応のどこに問題があったのでしょうか？
「サッカー部に入っている子が、サッカーの話をしてノッてこない」最初の段階で、講師はこの様子をしっかり〝観察〟すべきでした。そして、それ以上サッカーの話は続けずに話題を変えるべきだったのです。言ってしまえば当たり前のことのようですが、保護者の方でも、お子さんが嫌な顔をしているのに、延々と学校の様子を聞き出そうとしていることなどに置き換えると思いあたることがあるのではないでしょうか？　我が子が嫌な顔をしているからと言って学校での状況を聞かずに放置しておくことはできないでしょう？しかし、目的が「学校の状況を聞き出す」ことであるとしたら、お子さんを黙らせてしまったり、反発して怒らせてしまっては、目的は達成できません。大切なのは「上手に聞き出す」ことです。お子さんの反応をしっかりと〝観察〟して多面的に対話を進めることが重要なのです。

後日、教室長がヒアリングしたところ、Ａくんはサッカー部に入ったものの、動作が遅いことから「ドン亀」というあだ名を付けられ、サッカー部内でいじめにあっていたことが判明しました。教育の現場では〝観察〟不足に起因するこのようなミスは日常的に起きているのです。

今度は、翼学院で起こった事例をあげましょう。翼学院では毎日講師に日報を書いてもらい、それに私が毎日返信して指導の支援を行っています。以下の文は中途採用したベテラン講師の日報の一部です。

「●●ちゃん（小学2年生・女子）が、震災でお年寄りがなくなったことについて『ざまぁみろ』と言っていました。家庭環境が悪いのではないでしょうか？　私は、『そんなことを言うべきではありません。言われた人や家族の気持ちにもなってみなさい』と注意しました」

この対応は、道徳の教科書からすると正解なのでしょう。しかし、翼学院では不正解、大バツです。大切なのは、なぜ『ざまあみろ』と思うのか、です。

この子は塾に来る前、おじいちゃんに怒られたのかもしれません。あるいは同居している祖父母と母親の仲が悪く、日常的に母親がこの子に八つ当たりしているのかもしれません。もしかすると、この子は感情形成や表現に困難（障がい）があり、適切に自分の感情を形成したり表現することができないのかもしれません。いずれにせよ、この子に対して、『そんなこと言うべきではありません』とお説教しても、本人がどのような気持ちでその発言をしたのか、真実に近づくことはできないでしょう。特に学校の先生で〝観察〟をせず決めつけるミスをして、児童・生徒に疎まれてしまう方が多く見受けられます。最終目標が「その子の社会性を育むため、人の不幸を望むような発言はしない」ということだとしても、その原因によってアプローチは大きく異なるのです。そのために最も重要なことは目の前の子どもをありのままに〝観察〟することです。

②学習指導現場での「観察」と「分析」～翼学院秘伝！芦澤式による

観察とはどういうことでしょう。

嫌々始まったBくんの英語の個別指導、講師が「見る、って英語で書いてごらん」と言っても、Bくんは一向に鉛筆を動かす素振りをみせません。「わからないの?」「……、はい」講師は指導日報に「単語を覚えていない」と書いて、英語で「見る」を100回書いてくるように宿題を出しました。翌週の授業で宿題を確認したところ、Bくんの宿題ノートは真っ白のままです。「やってこなかったのか!」「……、はい」講師は指導日報に「宿題をやってこない」と書いて、居残り学習を命じました。

ひどい指導ですね。しかし他塾から移籍したいと相談にくる保護者の方が、前の塾に対して漏らす不満には、実にこのような内容が多いのです。「覚えてこない根性を叩き直して、学習に取り組むように変える」これがスパルタを売りにしている学習塾の考え方だそうです。また学校の先生でもこのような考えを持つ方も多いようです。なんと非科学的な考え方でしょう。お子さんの個性を殺してしまうこのような指導には、私は賛成できません。

ここで芦澤式対話指導法に基づいて、Ｂくんが「見る」という単語を書けない理由を〝観察〟してみましょう。

（ケース１）

「見る、って英語で何って言うんだっけ?」「ル、……?」「うん、そんな感じだったね。ル、なんだっけ?」「ル、ルーク?」「書いてみてごらん」（ノートに rook と書く）「oo はここでは『―』とは伸ばさないで、詰まった発音をする。だからルックだ」「わかった」「うん、ところで read はなんて発音する?」「リード」「OK、じゃあ lead は?」「リード」「うん、似ているけど、どう違うかわかる?」「……わからない」「Rは、〝ルゥ〟に近い音、サザンオールスターズの桑田さんが歌うときに、『エールゥイー♪（愛しのエリーの「エリー」のこと）』って発音するじゃん。ああいう巻き舌の感じ。Lはあっさり〝リ〟、日本語の〝り〟に近いね。じゃあルックはどっち?　桑田さん流の『ルゥック』か、あっさり『ルック』、どっちかな?」

このように、〝look〟に導いていきます。

分析▽うろ覚えで覚えているが、正確な綴りと発音を理解していない。
対策▽ｒとｌの音の違いを理解させて、正確な綴りを音に併せて覚えてもらう。今後も、ｒとｌの違いを意識して発音させて書き分けられるようにする。

（ケース2）

「見る、って英語で何って言うんだっけ？」「ウォッチ？　あれ、ウォッチは時計だっけ？」「おお、ウォッチ知ってるんだ？　ウォッチって書いてごらん」（watch と書けた）「うん、すごい、あってる。見る、のウォッチは？」（uochi と書く）
「うん、惜しい、ローマ字っぽい書き方だ。なぜ同じ読み方なのに、見る、はこれにしたの？」「時計、と分けなければいけないから」「そっか、でも英語ではローマ字っぽくは書かないんだ。実は、時計、も見る、も同じ watch でいいんだよ。ところでさ、学校の先生が、『こっち見て』っていうときって、何ていう？　watch を使う？」
「使わないような気がする」「……at me とかって言うじゃん。……、何だっけ？」
「そうだ、ルックだ！」「書いてごらん」（look と書ける）
「すごいじゃん！　さっき勉強した look も書けたね。じゃあさ、先生が look at me って言った時さ、眠そうな目でボーっと見たら、先生どうする？」「ちゃんと見ろ、って言うかな？」「そうそう、じゃあ、テレビ見る時さ、ちゃんと見る？」「好きな番組は見る」「うん、そうだね。学校の先生に look at me って言われたときぐらい、緊張して見る？」

「見ない」「じゃあさ、海に行って、海を眺める時と比べると、どっちがちゃんと見る？」「テレビ」（講師がホワイトボードに、見つめる〈見る〉眺める、と書く）「さて、どれが look だ？」

「見つめる」（講師、見つめるの下に look を書く）「ＯＫ！　じゃあ、テレビを見る、は日本語でいうとどれ・見る、眺める？」

「見る」

「ＯＫ！……　ＴＶとかいうよね。何て言うんだっけ？」「ウォッチ？」「ＯＫ！　じゃあ、ウォッチって書いてごらん」（再度、uochi と書く）「あー、惜しい！　さっきローマ字っぽく書かない、って言ったじゃん。ウォはwa、チはch、詰まるッが入るから間にｔ、を入れて、watch ね」「うん」「じゃあ、発音しながら一回書いてごらん。ウォはwa、ッはｔ、チはch」「ウォはwa、ッは、ｔチはch」（塾生、watch と書く。講師は「見る」の下に watch TV と書く。）「じゃあ、ぼーっと眺める、海を眺め

注視
↑
look
(at me)
watch(TV)
see(the sea)
↓
ぼんやり

る、はなんだろう？」
「わからない」「これは、see ぼーっと眺めるのは see って言うんだ。海は？」
「シー」「同じスペリング？」「うん」「どうして？」「ウォッチが同じだったから」「この場合はね、違うんだ。海は sea。見るのは、se ここまで同じ、そのあとは e。e がふたつ続くの。目って二つじゃん。だから、e も二つ。でも海は、そのあと a。sea。でも発音は同じだから注意だね。海を見る、だと、see the sea 書いて発音してみよう」

分析▽発音までうろ覚えで覚えているが、ローマ字書きをしてしまう。また語彙数は決して少ないわけではなく、watch と look までの語彙数は持っている。ただ使い分けを理解していない。
対策▽中学で学ぶ3つの「見る」を板書で対比。そのあとに来る言葉と繋げながら理解させる。スペリングを細かく切りながら、発音と対応させながら指導。

さてどうですか？「単語を覚えない・覚えられない」ことにも多様な理由があることが分かっていただけたでしょうか？　理由に応じて指導法（対策）の立て方が大いに異なる

のです。これらの指導法を立案するベースとなるのが、〝観察〟です。翼学院では芦澤式という対話法を用いながら、〝観察〟と〝分析〟を同時に行います。これが巷の個別指導講師や家庭教師の「会話」との大きな相違です。

以上の事例から、指導で一番大切なこと、指導の出発点が〝観察〟であることはご理解いただけたことと思います。ご家庭で保護者の方がお子さんに「つきっきりで勉強をみているのに、全然成績が上がらない」一番の理由は、〝観察〟不足だからなのです。

3 「対策」――観察と分析の次に、いよいよ学習法、指導法その評価について

その科目が苦手な理由を〝分析〟することができたら、次に克服のための〝対策〟を立案したいところです。塾でいえば指導方針、指導法です。ここで**一番大切なことは、「完璧なプランをつくらない」こと**です。お子さんにあった指導方針を立て指導方法を決めて、それを完璧に実行していく、実行の過程で子どもにブレが生じたら、プランに合わせるように引っ張っていく、これが従来の学習指導のスタイルでした。従来の、と言いましたが、

学習塾にしても学校にしてもほとんどが現在もこの指導方法を採用しています。なぜこの方法がいけないのでしょう?

指導方法は「その子に合った」ものであることが、最も重要です。一度や二度の指導での〝観察〟で、「その子」を知ることができるのでしょうか? また指導する者の力量だけで、目の前の子を十分に理解することができるのでしょうか?

真面目な学習塾ほど『自分の塾の教え方』に強くこだわり、生徒の個性を顧みず、その枠に押し込めていこうとします。その点、大手個別指導塾の指導は「完璧なプランに基づく完璧な指導」にこだわりません。なぜでしょう? 理由はプロの講師ではなく学生などのアルバイト講師が指導にあたっているから「完璧なプランの立案、実行などできない」からです。年齢が近くて良きお兄さんお姉さんになることができるから、指導法を確立した講師よりも家庭教師のように柔軟に対処できるから……、チラシを見るといろいろと理由は書いてありますが、本音をぶっちゃけると『人件費が安いから』その一言に尽きます。『学習に自分で取り組む姿勢を培わねば成績は伸びません。だから当塾のグループでは、あえて体系立てた指導はせずに、自分で学習するサポートをします。』(TVCMなどで流している)ネーミングは絶妙なのですが、「**体系立てた学習指導を柔軟に行わないのならば、塾**

生に塾に通ってもらう意味はない」。私はこのように考えます。柔軟性を指導スキルが低いことの言い訳にしてはいけません。

このアルバイト講師をサポートするために、大半の個別指導塾では、正社員または専任の教室長を置いています。チラシの謳い文句はさらに続きます。『講師だけではなく、教室長が個々の生徒の学習指導をがっちりサポート！』講師と教室長という二人の目からみれば、よりよい〝観察→分析→対策〟の流れが作れそうに感じますね。しかしこのやり方は大変なリスクを抱えているのです。それは「責任の所在が曖昧になる」というリスクです。アルバイト講師は授業が終わると学生に戻り、極端な場合は翌週には担当している子の学習状況などをキレイさっぱり忘れてしまいます。実質、教室長が一人で全生徒に対する指導責任を負うわけですが、（教室長が指導経験の浅い転職組の素人であるというような事情は置いておいても）自分で指導しないで、同じ時間に複数の生徒を循環して見ているだけなので、見落としも多く、何よりも「目の前の子」と触れ合って得られる肌感覚がないのです。

「そんな偉そうなこと言って、翼学院では一体どんな指導体制を取っているんだ？」本来は外部には一切秘密なのですが、本にしてしまった以上、もったいぶらずにお伝えしましょう。翼学院では各科目専門のプロ講師が担任として毎回指導に当たります（当たり前のようですが、個別指導塾では、毎回異なるアルバイト講師が指導にあたるところも少なくないようです）。指導内容や時間内の達成度、授業態度、宿題の達成度に至るまで、毎回全塾生分を講師は記録に残します。指導内容はもちろんのこと、記録の不手際は講師の責任です。この記録の全てと授業に教務主任が目を通して問題点をピックアップします。この問題点の抽出は指導主任の責任で、見落としがあると厳しく責任を問われます（塾生から「○○先生、かわいそう。学院長の鬼！」という声が聞こえてきそうです）。これを教室長と私でダブルチェックして、指導主任、講師を交えて〝カンファレンス〟（塾・教育業界ではあまり使わない言葉ですが、医療の世界だと個々の患者の「症例検討会」、チーム医療で診療方針を立てるため不可欠な会議です）を行い、塾生の指導方針を立案、評価します。この制度にとって**重要なことは、このカンファレンスが毎週実施され、指導にあたった講師の所見、塾生の様子や変化に基づき、指導方針や方法を柔軟に変えていく点**にあります。

翼学院で行っている指導体制は、実は家庭における学習支援のヒントになることが満載です。これからそのポイントについてお話します。

4 段階ごとに複数の目で見ること

「うちは一人っ子で、お父さんは忙しい。どうやって複数で見ればいいの？」

塾に通っていないお子さんが日常指導を受けているのは、学校の先生です。定期テスト（小学生の場合は授業内テスト）や通知表で、苦手な分野や単元、学校生活の様子などがご家庭に報告されます。これが第一の目です。次に述べることが非常に大切です。**「学校の成績表に書かれている内容や先生の見方を鵜呑みにしないで、テストで間違える問題の傾向や理由を保護者の方ご自身の目で確認してください。また特に生活態度については、『授業に集中せず話してばかりいる』などという学校の先生の所見を鵜呑みにせず、『このように言われているのはなぜ？』とお子さんに直接聞いてみてください」**

翼学院の講師は教務主任を中心としてチームを組み、塾生が通う小中学校の学校公開日にすべての学校の授業を見学に行きます。その報告として「この授業だったら、集中して聞けないのは当たり前」という内容が具体例とともに私の元に伝えられています。では、学校の授業での穴を家庭で埋めるためにはどうしたらよいでしょうか。

例えば「学校の歴史の授業は知識の羅列と暗記しろ、ばかりでツマラナイ」とお子さんが言ったとします。だったら日本の歴史を描いたマンガなどを与えて、歴史の流れをマンガで知るサポートをすれば良いのです。親子で話してみると良いのです。こうした方法であれば、保護者の方が指導をしなくてもご家庭で学習支援することができます。

次に保護者の目、これがとても重要な第二の目です。学校の勉強が苦手だったり学校が嫌いで不登校になるお子さんの大半が、学校の先生の偏見や無理解で自尊感情（自分自身を大切だと思う気持ち）をズタズタ、ボロボロにされています。「アスペルガーであることを学校の先生が気づかず、『お前、ふざけてばかりいるんじゃないよ！』と子どもを傷つけている」。こんな事例は学校現場では日常茶飯事です（私は学校現場も数多く経験していますから、断言できます）。翼学院の塾生の多くが、この自尊感情の回復を一緒に行うことから始まります。自尊感情を取り戻すと「やればできる」「勉強が楽しい」とみるみるお子さんは変わってきます。だから翼学院では数々のミラクルが起きているのです。「近くに翼学院がないよ。どうするんだ？」その場合は、保護者の方が代わってあげてください。保護者が**学校など他者との関わりを原因とした自尊感情の低下から守ってあげることができるご家庭のお子さんは、大きく道を外れることはありません。**

5 その子の状態やレベルにあった対策（学習方法）の選択を

私は急性膵炎で生死をさまよったことがあります。ある深夜、翼学院での学習指導を終えた後、救急車で担ぎ込まれてから一ヶ月半は、口にできるものはわずかな氷だけで水を飲むことも許されませんでした。その後、ようやく水のようなお粥を啜《すす》ることができるようになり、徐々に健康体の食事に近づけていきました。このように医療の現場では、治療方法や食生活を患者の容態に合わせて変化させていきます。学習指導でも同様で、理解度や知識レベルに合わせた課題を行わなければ成績向上は望めません。学習が苦手なお子さんであっても、学習塾で教科書に準拠したドリルの問題演習を中心に知識の定着を図ろうとしたり、**学校やご家庭でも問題集をドンドン解けば勉強ができるようになる、という神話がまかり通っているようです。**このような学習法は、**水も飲んではいけない急性膵炎の重症患者に精力が付くから、といきなりうな重を食べさせようとするようなものです。学習が苦手なお子さんは間違いなく消化不良を起こし、うな重（ドリル）恐怖症になって、科目の勉強が大嫌いになります。**

私の授業ではドリルはほとんど用いません。特に学習が苦手な子に対する指導では定期テスト前の確認以外にドリルは一切用いません。「ワークで多様な問題をやったほうが理解が深まるんじゃないの？」このような質問をいただく機会が多いのですが、殊に学習が苦手な子に関しては答えはNoです。多様な問題を解いてもらうと目先が変わってしまい混乱するため、基本的な知識の定着にはとてもマイナスに働きます。

英語を例に説明しましょう。例えば受動態（動作を受ける人やものを主語にした受け身の表現）を指導するにあたって、基本文を一度指導しただけで「あとは同じ考え方でドリルを解いて」と反復をさせると、学習意欲のある子ですら例文をマネてドリルを解くだけになります。それが学習が苦手な子となると、手を動かし始めることができません。では芦澤式ではどのような指導をするのでしょうか？

教科書の例文　This doll was made by Ms.Beck's mother.

これは、「この人形はベックさんのお母さんに（よって）作られた」という①過去形②受動態（受け身。動作を受ける人やものを主語にした表現）です。

私はいきなり「受け身というのは、be動詞＋過去分詞＋by」などという指導はしません。

教科書の例文

This doll ~~was~~ made by Ms.Beck's ~~mother~~.

講師の頭の中

is

現在形で考える

複雑なので “mother” はトル

まずは能動態の文からスタート

（板書）ベックさんはこの人形を作る

～塾生の答えをそのまま板書～

Ms.Beck's　make(s)　doll.

3. 単　＋　現

主語　　動詞

this（この）

～講師が指導して追加

発問　～できるだったら？～

英語の肯定文の語順
「切って切れない主語と動詞
仲を割くのは助動詞　副詞」

～塾生の答えをそのまま板書～

can　make~~s~~

助動詞　＋　動詞の原形

他に　must, may, will…

発問　～always を入れたら？～

always　make(s)

S をつける

副詞　＋　動詞の~~原形~~

まずは前記の例文を能動態（動作を行う人やものを主語にした表現）の現在形の文に変えます。

はじめに、「肯定文では基本的に　①主語は文頭　②その直後に動詞、『切って切れない主語と動詞』『仲を裂くのは助動詞と副詞』と教えます。この場合、mother は取ってしまいます。そしてまず、日本文で「ベックさんはこの人形をつくる」とホワイトボードに書き、塾生に英文にしてもらいます。

（塾生の答え）Ms.Beck make doll.……

ここで、約8割の中3生が makes の三単現の s を付け忘れます。そこで、主語の人称（話し手（一人称）、その相手（二人称）、それ以外のすべてである三人称、いずれであるかの区別）と単数と複数の説明をして、三単現の s を自分で導かせます。そのうえで、能動態の現在形の英文、Ms.Beck makes this doll. をホワイトボードに書きます。「this doll」という目的語の教え方は、**指差しして「『～を』という動作の対象だよ」と説明します**（例えば私の授業では、**前置詞はすべて指差しの仕方や方向で指導します**）。

次に初めて〝be動詞＋過去分詞＋by〟という定型知識を赤文字で書き、学校の先生も良くやる、主語と目的語をひっくり返す指導を行います。基本形の提示です。これから先は基本形はホワイトボードに残したまま、これをたたき台にエクササイズが進行します。

This doll is made by Ms.Beck.

という受け身の文ができました。ここまでは目からウロコ、というほどの話ではありません。能動態の文と受け身の基本文が並べてホワイトボードに書かれただけです。しかし準備は整いました。ここから芦澤式のエクササイズが始まります。

1. まずは疑問文。be動詞が前に出て最後に〝?〟が付くだけ。be動詞の疑問文の作り方を想起させながら疑問文にしてもらいます。**受動態の文の動詞はあくまでbe動詞であることをここで強調します（重要）。**
2. **すると否定文は簡単に塾生自身でつくることができます。be+notとボードに書きます。**
3. **さて次に、makeがmadeに変わったら？　受け身の文を過去形にする方法ですが、動詞がbe動詞なのだからbeを過去にする、さてisを過去にするのはどうするんだっけ？**

このようにして教科書の例文、This doll was made by Ms.Beck's mother. にだんだん近づけていきます。

この段階で塾生は、能動態から受動態に変える練習を現在形の文と過去形の文であわせて2回、**〝受け身の文はbe動詞が動詞であることを基軸〟**に、疑問文、否定文、過去形の文、と3つの変化についてエクササイズします。**同じ文章の変化なので、単語が読めない、意味がわからない、など他の要因に気を取られないで、対話を通じて〝受け身の文はbe動詞が動詞であることを基軸〟に、5回エクササイズを行うことができるのです。**どうですか？

内容の異なるワークの問題を5題解くよりも、基本形に関する定着率が高いのはお分かり頂けるのではないでしょうか。

6 「対策」（学習指導法）は変幻自在に

「対策」（学習指導法）は固定化せず、子どもの反応や変化を見て柔軟に変えていくことが必要です。

ＴＯＴＡＬ ＥＮＧＬＩＳＨ３（２０１１年現在、葛飾区立の中学で採択している教科書）

Ms.Beck makes this doll

主語　　目的語

ここで初めて
目的語＋過去分詞＋by＋主語
を提示

This doll is made by Ms.Beck

be＋過去分詞＋by

動詞は be 動詞　重要！

① be 動詞が前へ

Is this doll made by Ms.Beck?　be 動詞の疑問文

This doll is **not** made by Ms.Beck?　be 動詞の否定文

短縮形の作り方
…くっつけて“o”をとり、’をつける
isn’t

発問　～さて　もとの文が過去になったら？～

～塾生の答えをそのまま板書～

① Ms.Beck made this doll.

発問　～受け身でどこを過去にする？～

動詞は be だったよね！

だから

This doll was made by Ms.Beck.

過去

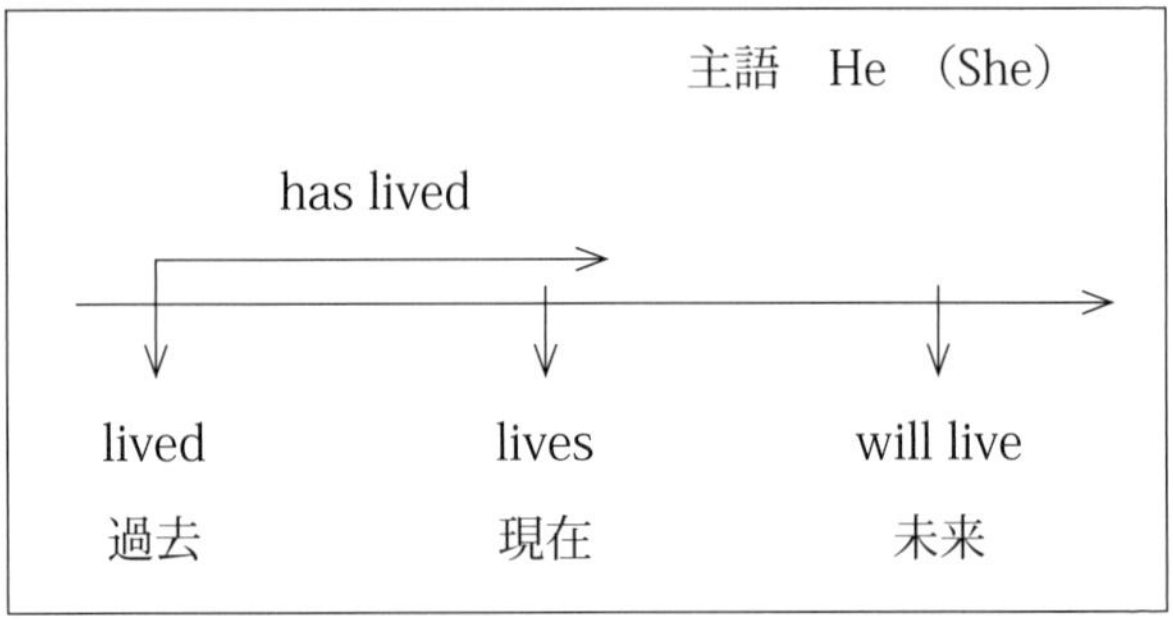

では、Ｌｅｓｓｏｎ１で受け身を学んだあと、Ｌｅｓｓｏｎ２で現在完了の完了用法を学ぶように構成されています。学校の先生はもちろん多くの学習塾講師は、現在完了を理解させることに非常に苦心しています。その理由はズバリ！　教科書の順序に従って教科書の説明通りに、完了用法から指導するからです。教科書には完了用法は副詞のjustを併記して「今、～したところです」と説明しています。この説明で過去形や現在形との違いが理解できるでしょうか？「した」では「ところ」が付こうが過去との違いが不明です。また「今」と言っているのにどうして現在ではないのでしょうか？　非常にわかりづらい。目の前のお子さんは大抵、頭の中は？？？　だらけ、上手に伝えられない指導者は！！！　とイライラです。では芦澤式ではどのように指導するのでしょうか？

　このような図は参考書でもよく目にする図で、目新しいことはありません（ここでも主語を三単現にして、ｓの付加やhasへの変化を定着させています）。私は、「**現在完了は、過**

去の出来事が現在まで影響を与えている用法」と指導します。これを理解するには「継続用法」が一番分かりやすい。

ＴＯＴＡＬ ＥＮＧＬＩＳＨ３のＬｅｓｓｏｎ３には、

I have lived here for about a year.

という例文が掲載されています。「およそ一年間、住み続けている」即ち〝1年前に住み始めて、ずっと今まで住んでいる〟過去のことが現在まで影響を与えている好例が現在完了の継続用法なのです。

例えば、Ｌｅｓｓｏｎ２の完了用法 He has just arrived.「彼はちょうど到着したところです」から教え始めようとして、子供たちの？？？に気づいたとします。そのとき、即座にＬｅｓｓｏｎ３の「継続用法」から指導を始めるのです。すると、途端に子供たちは現在完了に関するイメージを持つことができるようになるのです。〝到着した時は「ちょうど」であったけれど、その後「到着した」という終わっちゃった状態が現在まで続いているから完了（終わった）用法〟。ちなみに、現在完了の経験用法については、〝一度した経験の影響は現在

まで続く〟と指導しています。

さて中学2年生の英語の学習単元に目を向けてみましょう。不定詞と動名詞は英語が苦手な子が決定的に英語ギライになる一大山場です。中でも動詞の目的語に動名詞を使うか不定詞を使うかの区別については非常に混乱します。翼学院では中2生には次のように指導しています。

- ・want、hope、wish など〝望む系〟の動詞▽不定詞を目的語に取る
- ・enjoy、finish、stop ▽動名詞を目的語に取る

「agree は不定詞を目的語には取らないのか?」というプロの声が聞こえてきそうです。その通りですが、中2生が基本的な枠組みを理解するためにはこのような説明が分かりやすいと私は考えています。

指導の最初から完璧を求めていたずらにわかりづらくするのではなく、最低限必要な知識にまで削ぎ落としておき、必要に応じて追加すべき知識を付け加えていけば良いのです。指導の順番を変えること、最低限必要な知識にまで削ぎ落とすこと、一貫した視点で指導をすることで理解度、定着度が飛躍的にアップします。

7 時には講師が間違えてみる

〝He reads the book yesterday.〟ホワイトボードにこの文章を書いて「訳してみて」と尋ねます。〝yesterday〟に注目した塾生は、「彼は昨日本を読んだ」と訳します。このときに私は塾生の表情を伺っています。中にはすぐに「先生、間違っているよ」と指摘してくれる子もいます。確信をもった表情で答えている塾生には、「〝yesterday〟だけど、reads は過去形にしなくていいんだっけ？ reads の過去形って何？」と尋ねます。このような対話を通じて read は原形—過去形—過去分詞形が同じことを想起させて、さらにここでは三単現の s がついているのがおかしいことに気づかせます。もし三単現の s がついていることがおかしいことに気づかなかったら、三単現の、〝現〟とは何か、という基本的な説明をします。勉強は、**受け身で教えられるのではなく積極的に授業に参加して自分で気づくことが大切なのです。**

夏期講習の社会の授業で、私は突如〝元寇〟の〝寇〟が書けなくなってしまいました（パソコンの使いすぎと加齢による忘れ）。普通の講師ならば、話をそらしながら慌てて参考書をひっくり返すことでしょう。しかし私は「忘れちゃった。どういう字を書くんだっけ？」

と塾生に尋ねます。学院長が忘れてしまった、これは塾生にとってスリリングで、ここぞとばかりに自分が答えを出そうと、そこかしこで〝寇〟の字を書き始めます。また携帯の文字変換機能で熱心に字を調べる子もいます。さて正しい字がわかったところで、塾生に教えてもらいながら、「あれ、支えるだっけ?」「違うよ」などと話し合いながら、正しい漢字が定着するよう丁寧に〝寇〟の字をホワイトボードに書いていきます。そして翌日、また〝元寇〟の話を持ち出し、「あれ、また忘れちゃった」と塾生の知識の定着度合いを確認します。基本的に問題演習も、解答を見ずに解説をしながら私も一緒に考えて行きます。消去法で答えを探していたら、すべてが×になってしまった、などという事態も恥ずかしながら起きてしまいます。それでもこのような場合にどのようにして正答を探し出すか、その過程も一緒に塾生に見せていきます。よほど自信がないとこんな指導はできないと思うので、若い講師には十分に予習をしてから授業をしてもらっていますが、**これもお子さんの記憶に刻み込む一つの方法です。**

1

第1章〝芦澤式〟学習指導法のポイント

★学習指導の現場は〝観察→分析→対策→指導→評価〟のくり返し
★声にならない声を聴くことが〝観察〟の第一歩
★覚えられない理由や間違える理由まで〝分析〟せよ
★対話法を用いながら、〝観察〟と〝分析〟を同時に行う
★指導計画で一番大切なことは「完璧なプランをつくらない」こと
★体系立てた学習指導を柔軟に行うことができるのがプロ
★カンファレンス（学習状況の検討会）で情報を共有して即指導に反映せよ
★成績表や教師の意見を鵜呑みにせず、支援者がテストをみて原因を分析せよ
★勉強嫌い、学校嫌いの理由の大半が教師の偏見や無理解
★自尊感情の低下から子どもを守れる家庭の子は大きく道を外れない
★苦手な子に数多くの問題演習をさせるとかえって知識が定着しない

★ジェスチャーを多用して指導せよ（例）前置詞は指差し確認で
★基本形を提示して同じ内容の微妙な変化で指導せよ
★教科書に出てくる順にこだわらない指導を
★必要最低限の知識まで削ぎ落として理解を深め定着させせよ
★時には指導者がわざと間違え、子どもの気づきや定着を促す

第2章

〝芦澤式〟コミュニケーション法

自尊感情上昇、意欲向上のために

■事例「観察→分析→対策」に関する具体例

「指導での観察と保護者面談による聞き取りに基づく分析と対策」

Aくん（中2　男子　広汎性発達障がい）

通知表は5教科で5が4つで4がひとつ、と成績優秀だが自分はダメだと思い込んでいる。Aくん自身が、中学時代は学年で1番だった都立上位進学高校に通学している年子の兄と自身を比較してしまっている。お母さんはAくんに対しても障がいに対しても理解があるが、Aくんの感情の起伏の激しさに戸惑っている。

〈指導中の観察や保護者の相談内容とその原因分析〉

1．感情の浮き沈みが激しい

例▽数学の勉強をしていて、一問でもつまづくと「全問わからない」と大泣きする

（原因分析）

・ひとつひとつの出来事に関するこだわりが強い

・そのこだわりのために、一問できなかった、など思い通りにいかないと、負の情緒に引きそづられて自分を全否定してしまい止まらなくなる

2．極端な集中と拡散が交互に繰り返される

例▽拡散と集中がインターバルで起こる。具体的に述べると、興味が深い「外国語」に関することになると話しかけられても、大きな地震が起きても気がつかないほどの強い集中力をみせる。反面その集中力が持続せず、目に付いたぬいぐるみに手がいってしまう、本を片っ端から読まずに開く、会話が散漫になる、などの拡散を見せる。それが交互で起きる。

(原因分析)

・ぬいぐるみに興味を示す点など一見精神年齢が幼いように感じるが(この点については保護者の問題意識として後述)、ぬいぐるみでごっこ遊びをするなどではなく、その形状、触感など「観察対象としてのモノ」と捉えている。興味の集中と拡散はAくんの(一般的に言えば発達障がいと言われる子の中の)ひとつの特徴である。

3. 他者を気にしすぎてしまう(特に他者の評価)

例▽学校の数学の授業のとき「俺わかるぜ、できたぜ」という他の生徒の言葉が聞こえてくると、「自分はダメだ!」と思い頭が真っ白になる。放課後、学校の教師に質問をすることは時間を取らせることが悪くてできないし、質問をして「バカ」だと思われてしまうことが怖い。

（原因分析）

・自尊感情が低く（「そんなに成績が低くはない」など自分のことを客観的に捉えることが苦手）それゆえ他者の評価や比較に対して著しく過敏になっている。その一番の理由は兄との比較である。

〈保護者の相談内容〉

1．中3に進学するにあたって志望校をどうしたらよいか迷っている。成績から考えると、兄が通学している都立上位進学校に進学させたいが可能だろうか。

家計の事情から、進学先は都立高校限定である。

2．また障がいを抱えて、将来どのような仕事に就かせたらよいか。興味がないことにはまったく取り組まない（勉強だけは辛うじて塾と家庭での保護者の支援によって5教科でまんべんなく良い成績を取っているが）こと、また対人関係が苦手なので保護者として不安が強い。

〈ここまでの対策〉

1．進学する高校について

ご家庭の要望どおりに塾が支援して（周囲との比較が続く）上位進学校に進学するのは

前記の点から好ましくないように思える。また兄弟で同じ学校に進学するのは、Aくんにとって一番の壁であり比較対象である（出来のよい）兄との比較が続いてしまうので尚更好ましくない。

進学については興味に偏りが強いため、国数英理社とまんべんなく学ぶ普通科よりも、興味がある外国語など専門性を深めることができる都立の総合高校や国際高校などの専門高校、単位制高校などが好ましいと思われる。但し、現段階で外国語に興味があるからその道へ、と断じてしまうのは興味が移り変わったときにAくんの圧迫要因となる。将来を見越した没頭できる専門的な科目について探っていく方法については後記の方法（※）で探っていく。

2. 将来の職業について

一般論として、発達障がいのため対人コミュニケーションが苦手とされる方は、例えばCG（コンピュータ・グラフィックス）や設計、エンジニアなど対人関係に煩わされず興味があることに没頭できる専門職に就くと安定するケースが多いが、現段階で断定的に述べることはできない。

〈塾内での対応についての対策〉

塾では、他の塾生と比較をせざるを得なくなる上位クラスから個別指導に変更する。この時間は後記するような対話（※）を行いつつ、学習指導を通じて興味ある分野を一緒に探り、それを広げていく。

・本人の家庭での学習状況から考えて、当面の学校（中2の間）の定期テスト対策や高校受験への対策は、宿題とそれで間違えたり分からなかったりした問題を指導することでは十分。

・（芦澤がAくんを指導した経験から）個別指導の中で、対話を通じて興味ある分野を掘り下げる過程で、講師がAくんの発想力や一部の分野に関する知識の深さを感じる機会が多数あるはず。これを講師が素直に表現してAくんに「すごい！」と伝えること。またAくんをリーダーとしてインターネットや書籍を活用して知識を掘り下げていくこと。

・この作業を通じてAくんは達成感を感じることができ、また自尊感情を高めることができる。Aくんが他者（特に兄）と比較する話をした場合には、慰めたり、「Aくんはダメでなんかないよ」などのキレイ事を言うよりも、「なぜそのように感じるのか」を淡々としかし暖かい目線で聞いてみる。Aくんの考え方が見えてくる都度、AくんがAくん自身を客観的に見ることができるよう（正当な評価ができるよう）口頭や接する態度で支援する。

・同伴する年長者がそばにいることで情緒を安定させていき、感情の浮き沈みや他者との比較による不安定さを克服できるように支援していく。

〈面談で保護者が特に心配していたことに関する考察と対応　その１〉

ＴＶで恐竜博の恐竜をみて、「わぁ、恐竜って今でもいるんだ！」と興奮して涙目になって母親に大きな声で話しかける。中２という年代から考えてあまりに幼すぎて心配。またそのようなことを外で口にすることでその幼さをバカにされないかが心配。

〈講師ミーティングの中での芦澤の呼びかけ〉～読者の皆さんもお考えください。

皆さん、ここで対処について立ち止まって考えてみてください。別に正解があるわけではないので、自由な発想をしてください。

〈※興味の広げ方、専門性の探り方について〉

（芦澤の保護者への助言）「本当だ、すごいなぁ！じゃあ、恐竜を観に行ってみよう！」とＡくんを誘って上野の国立科学博物館に行ってみる。張りぼての恐竜に触れさせてみて（触ること禁止でも私だったら関係ない！）本人の反応と興味をみる。博物館では（私が教えるのではなく）恐竜の進化と絶滅の過程の展示をＡくんと一緒に観賞する。その結果、例えば「張りぼてでがっかり」だったら、隣りの動物園に行って爬虫類を見せる。「大きさは違うけど似てるね」など話しかけてさらに反応をみる。

一度、興味を持ったことについて多様な刺激を受けることで、恐竜の絶滅という生命の歴史に興味を持つのか、爬虫類という生物に興味を持つのか、張りぼての作りに興味をもつのか、など本人の興味を見出し、それを伸ばすよう支援する（例えば、爬虫類に興味を持ったら図鑑を与えて一緒に話す、実際に触れる爬虫類ショップに行く、張りぼてに興味を持ったら映画の特殊技術の展示を観に行く、など）。

私が考える絶対ダメな対応は、ＴＶで恐竜をみて感動しているAくんに「バカだなぁ、恐竜なんているわけないじゃん」と断言してしまうこと。次にダメな対応は「恐竜というのは白亜紀に絶滅して……」と（自己満足も兼ねて）知識を埋め込もうとすること。「そんなこと外で言ったらダメ！」という周囲の視線気にする型も避けたい。

一点示した興味を否定することなく全方位で広げてみて、支援者と一緒に体感して、興味の方向性を探り進めていくことが重要である、と私は考えている。

〈面談で保護者が特に心配していたことに関する考察と対応その2〉

一緒に考えるなどの寄り添う支援をすることによって依存性が強くなり、いつまでも親に頼るようになってしまうのではないか？

〈この点についても皆さん、お考えになってみてください〉
（芦澤の保護者への助言）最初は「一緒に考えて一緒に探す」など距離の近い支援からスタートして、徐々にメソッドを伝えて手を離していく。例えば、インターネット検索ならば、最初は親が検索キーワードを入れていても、段々、本人にキーワードを考えさせる、など。これにより語彙力も広がっていく。このように物理的側面からも、徐々に精神的にも自立を促していく。

以前、高2の途中まで通っていたアスペルガーと診断されていたBくん、自閉と診断されていたCくん、母子ともに「芦澤先生のもとに通っていないと不安で」と特にCくんなどは大学レベルの専門性の高い物理などを受講していた。例えばCくんは本人が柔道部で実績をあげてきたこと、成績も安定して高校での学習が楽しくなってきたこと、などからタイミングを見計らって本人と保護者に伝えて卒塾を促した。その過程では、私自身が、（手塩にかけた可愛い塾生である）Cくんに対して、意識して距離を保つように心がけた。一生面倒をみられるならばまだしも（それでもよいとは思わないが）、たとえ親であっても、子どもには親離れは必要。まして塾講師は、通塾時であっても子どもを抱え込み自分にいつも注目するように仕向けるのは、支援としては不適切だと考える。入試会場や学校に一緒についていけるわけではない。もちろん、温かみや思いを伝えることを否定しているわけではない。ただし近所のお兄ちゃんやお姉ちゃんではないので、適度な距離感を持って子どもの成長を支援するのがプロ。翼学院では、その子が将来に亘って生きる力をつけることを支援することを目標とする。

〈面談での保護者の反応と子育てについて〉

以上のアドバイスに対して、（手前味噌ながら）「さすが、先生はすごい！　小さい頃からそのように育てれば良かった」と言われたので、「今からでも遅くないのでそのように接してあげてください」と答える。私の伝えた方法は障がいがない子にとっても興味の幅や自分で調べる力などを培う方法である。幼児期の「どうして？」にこのように対応すれば、子どもは興味の対象も自分で調べる力も思考力もつけることができる（この点については子育てを経験していない若い指導者にはピンとこないかもしれないが）。

〈翼学院内での指導に関する申し送り〉

Aくんは、個別指導で主要3教科を中心に、1週間分の宿題を提示、翌週にその答えあわせと間違えた問題やできなかった問題の解説を3学期末まで反復して行ってほしい。その中で興味を持ったことについて、先に記した方法で対話して興味を探り深める支援をしてほしい。担当講師については、Ａくんの性質上一人の講師による指導が好ましいので、３教科の指導ができて、多角的な興味に答え一緒に脱線しつつも適切に学習に引き戻すことができる、というかなりハイレベルな指導ができることが求められる。彼の指導をしっかりでき興味を学習に向け成績も伸ばすことが出来れば、学習塾講師としてのみならず発達障がいがある、とされる子の支援に関する力をつけることができるだろう。

1 目の前のお子さんが〝発達障がい〟〝学習障がい〟かな、と感じられたら……

（すべての学習困難児・生徒の直面する問題点をクリアするために）

ひと口に障がいと言っても、身体的な障がいから知的障がい、発達障がいなど様々です。また「○○障がい」と決めつけても、一義的にお子さんの個性を導き出せるわけでもなく、それぞれの性格や生活環境なども個性の形成に影響します。

だから特に教育関係者には「○○障がいだから、こういう傾向がある」と決めつけずに、目の前のお子さんの様子を多面的に観て、その多様性を受け入れてあげて欲しいのです。

多様性を受け入れることは教育現場に限らず対人関係においてもっとも重要で、それでいて困難なことです。

しかしこれではお子さんが〝障がい〟かな、と感じられたときのヒントにはならない、と思われることでしょう。そこで強いて、**障がいがあるとされるお子さんに共通する個性を挙げるとすれば、それは自己評価の低下ではないか**、と思います。障がいがあるとされるお子さんは保育園、幼稚園、学校で、**「自らができないこと」と「他の子ができること」を見比べて育っています**。また例えば軽度発達障がいのあるお子さんは、外見上障がいがあると解らないため、医療機関での診断を受けたうえで学校に告知している場合を除いては、**他の児童・生徒のみならず教師も含めて、「とろいやつ」「社会性のないやつ」などと問題児扱いされてしまうことが多いのです**。

他者との見比べによる自身の低い評価と他者からの評価があいまって、「どうせ自分なんか何をやってもダメなんだ」と悲観してしまうことが少なくないのです。

2 自己評価の低下を防ぐためには

お子さんの自己評価の低下を防ぐためには周囲の支援が必要です。そのためには保護者や教育関係者が、積極的に褒めてあげることが重要です。**しかし抽象的に「○○ちゃんは、すごい」と褒めるだけでは足りません。抽象的な褒め言葉は、〝なぐさめ〟に聞こえてしまい逆効果です。支援者の方（教育関係者、保護者）は、**まずはお子さんの**得意なことを見つける手伝い**をしてあげてください。それが**見つかったらお子さんと共有する**ことが大切です。得意なことをしている時間を共有している支援者は、**その時間がお子さんにとって楽しい時間になるように気持ちを向けて**欲しいと思います。そのために一番重要なことは、**支援者も一緒に楽しむこと**です。小さな感動も「わぁ、面白いね」など**言葉と態度でお子さんに伝えてください。得意なことは徐々に難易度をあげていくことが大切です。**いつまでも同レベルの課題に取り組んでいたら、先に進む喜びを感じることはできません。このように徐々に進んでいくことを、ひとつ飛びに進むことを求めない支援者の自省の意味も込めて、**〝スモールステップ〟**と呼びます。その際に支援する側は、**「○○ちゃんは、これできたじゃない」と具体的に評価をすることが重要です。**また「じゃあ、次にこれやってみようよ。できるんじゃない？」とステップを踏んでいくように導いていきます。このように**達成感を自己評価の向上に結びつける**のです。

これを学習指導の現場で言えば、〝**得意な科目から伸ばす**〟ことです。**得意な科目が伸びてきたら、苦手な科目にも取り組み始めます**。その際に**重要なことは**「**絶対に他者と比較しない**」**こと**です。特に苦手なことへの取り組みにあたってこれは非常に重要です。難しい話かもしれませんが非常に重要なのは、「**課題の達成率、出来、不出来は、他者との比較で評価するのではなく、昨日のその子自身との対比で見る**」ことです。〝スモールステップ〟という言葉を使う意味もここにあります。

昨日よりも、半歩でも前進していれば褒めてあげるのです。このことでお子さんは、苦手なことにも取り組み、達成感を味わうことができるのです。支援者自身も「周りの子が3分で解ける問題に10分かかってしまった」とネガティブに考えるのではなく、「10分かけても課題を達成することができた」とポジティブに考えるのです。

そのためには、**障がいと言われるものを含めたお子さんの個性を十分に観察して正しく理解することが大切**です。そしてその**個性を支援者が受け入れ、その受け入れ感をお子さんと共有することで、お子さんにも自らの個性を受け入れてもらうことです。これが前述した〝観察〟をベースにした受容です**。「自分はうっかりミスが多いタイプだから（堅苦しい専門用語で言うと〝注意欠陥〟だが、そんな言葉を知ることは不要）計算ミスを繰り返してしまうが、それは個性だから悪ではない」と考えるように導いていきます。

しかしそれでは永久に計算ミスはなくなりません。そこで分析が必要になります。**その分野が苦手なお子さんが単独で分析を行うことはできないので、支援者が協働して分析と対策の立案を行います。**具体例で述べると、「頭のなかで数字を考えていくうちにゴチャゴチャになってしまうので、途中式を全て書くようする」というような分析と対策の立案です。その成果があって計算ミスが減った、**ここが「○○ちゃん、書いたら計算ミスが減ったじゃん！」と褒めるタイミングです。**それでもまだ計算ミスをしてしまう。**ここで再度、分析を行い対策を立案します。先の対策を実行したことを踏まえた分析です。先の対策では足りなかった点を探す必要があるので、この段階ではかなり緻密な分析が必要です。**先の例では、「途中式を書いている中で、7を9に書き違えてしまう」ことに支援者が気づきました。ここで〝7〟に印でもつけて、「7ではなく9だよ」と教えてしまう方が、ベテラン指導者でもたくさんいます。**教えてしまうのではなくお子さん自身が気づくことで、ミスは激減し、また達成感も得られます。この点は非常に重要です。**ただ「数字が変わってしまったところを探してごらん」とだけ言って放っておいてはダメです。

視野の狭さゆえに全体の中から問題点の抽出が困難であることが〝学習の苦手なお子さ

んの共通項〟です。最初は、確認する範囲を支援者が限定してその範囲から間違いを見つけ出す訓練をしてください。その範囲を徐々に広げて、最後には自分でミスを見つけられるようにする、さらにはミスをしないようにする、これが学習支援における〝スモールステップ〟です。

3 なぜ学校の成績は重要なの?

障がいのあるお子さんを支援する団体や教育機関の中には、「学習以外の得意な分野を伸ばしてあげればよい」「すぐに成果を出せなくても生涯にわたる力を身につければいい」というところもあります。**私は、「障がいがあるお子さんにとっても学校の成績は非常に重要」だと考えています。その理由は、学校の成績はお子さんの自己評価に直結しているからです。**例外的に部活で活躍する、得意な趣味などで才能を発揮して成績が悪くても自己評価は低下しない、というお子さんもみられますが、**私に言わせれば、「学校の成績が著しく悪いことによる自己評価の低下を補って余りある才能をみつけることは、学校の成績をあげることよりも数十倍、数百倍難しい」のです。**さらには「ほかのことで頑張れば……」と言い

続けると、お子さんが疎外感を感じてしまう可能性が高いのです。何からの疎外感か、それは、学校や学習への参加意識からの疎外感です。

百歩譲って学校の先生やクラスメイトも「君はほかのことで頑張ればいいよ」と言ってくれればまだ良いのかもしれません。しかし残念ながら、学校内では無遠慮に「頭悪いんじゃないの？」などと言われてしまいます。またもし特別支援流の考え方が普及して、学校の先生やクラスメイトも「君はほかのことで頑張ればいいよ」と言ってくれたとします。それでお子さんは納得するでしょうか？　読者の方が職場で、「あなたは仕事が苦手だから、ほかのことで頑張ればいいよ。それはこれから見つけていけばいいじゃん」と言ってもらって嬉しいでしょうか？　より一層、「仕事が苦手」なことを通じた自己評価が低下するのではないでしょうか？「**なぐさめはやめてくれ！」と言いたくなりはしませんか？**

適切な学習支援を行えば、たとえ学習障がいと言われるお子さんでも、苦手な分野での学習力をつけていくことができます。たくさんの学習困難なお子さんを指導し、成績をアップさせ入試を突破することによって、将来の目標に向かって羽ばたいて行ってもらった私が保証します。間違いありません。

第2章　〝芦澤式〟コミュニケーション法のポイント

★学習困難な子に共通する個性は「自己評価の低下」

★抽象的な褒め言葉は、〝なぐさめ〟に聞こえてしまい逆効果

★小さな感動でも言葉と態度で子どもに伝えよ

★得意なことは徐々に難易度をあげていくこと

★達成感を自己評価の向上に結びつける

★得意な科目から伸ばすこと

★絶対に他者と比較しない、比較させない

★スモールステップ＝昨日のその子との対比で少しでも進歩したかどうか

★個性を支援者が受け入れることで子ども自身の個性の受容へ

★教えることよりも子ども自身の気づきが重要

★散漫になる視点には支援者が範囲を限定して見つけ出す訓練を

★障がいがあるお子さんの自尊感情のためにも学校の成績は重要

★学習困難による自己評価の低下を補って余りある才能をみつけることは、成績をあげることよりも数十倍難しい

★「ほかのことで頑張れば……」と言い続けると疎外感を感じてしまう

★適切な学習支援を行えば学習障がいと言われる子でも必ず成績は上がる

第3章

〝芦澤式〟の真髄

記憶の仕方から問題の解き方まで

1 〝芦澤式〟知識の記憶法

私は指導の中で〝暗記〟という言葉を使いません。ドラえもんの〝暗記パン〟の話のイメージ（パンに覚えたい内容をコピーして食べると記憶できてしまう話）からも明らか（？）なように、〝暗記〟という言葉には「やみくもに覚える」というイメージがあるからです。〝暗記〟した内容はすぐに忘れてしまいがちです。〝暗記〟という言葉を使うかわりに、翼学院では〝記憶〟という言葉を用いています。「大差がないじゃないか！」とおっしゃらないでください。〝記憶〟の前提には〝理解〟があります。知識の〝理解〟→〝整理〟→〝記憶〟とつながっていくイメージです。この章では、〝記憶の仕方〟についてお伝えします。

①一度に覚えようとしないこと

「漢字を10回書いて覚えること」ご家庭や学校で小学生に漢字を覚えさせようと、このような宿題を出すケースが非常に多く見られます。

さて、このような宿題を出された小学生は、最初に辺や構えを10回書いて、その次に残りの部分を書き、書いているうちに、ヤマイダレがマダレになり、など字が変わってしまい、結果として不正確な記憶をしてしまう、このようなケースも非常に多く見られます。

翼学院では、繰り返し書いてくること、という宿題は絶対に出しません。一度に覚えさせようとする指導は、お子さんに嫌悪感と苦痛と不正確な知識を与えます。私は**記憶法について「まず紙に覚えてもらう」と指導**しています。例えば漢字であれば丁寧に一回、まとめノートに教科書などの漢字を模写します。その脇に、読み方を書きます。練習用のノートに3回だけ、さらにそれをゆっくり模写します。書く際には声をだして読み方を言います。これでおしまいです。

英語の単語については、学校の教科書の後ろにある単語一覧を辞書代わりに使ってもらいます。例えば、interested の意味が分からなかったとします。その場合に単語一覧でinterested を調べます。教科書の単語一覧には必ずその単語を学んだ学年と教科書のページ数が書いてあります。そこで既習の単語か否かを確認して、既習単語ならば想起するため教科書のその箇所を開き、どのような文脈でその単語が出てきたかを確認します。また既習・未習を問わず単語一覧で意味（この場合は「興味を持っている」）を確認し、発音してみます。そして単語の脇に正マークの一を書きこみます。次に interested が出てきて、また意味がわからなかったときには、同じく教科書の単語一覧を開き、意味を確認して正マークの縦線を書きます。このように、**意味がわからなかった都度、教科書の単語一覧を引いて正マークの線を引いていくことで、苦手な単語には多くの線が引かれることになります。**

②同じ資料に戻って反復することの重要性

翼学院では、英単語は学校の教科書の裏の単語一覧を唯一の資料として用います。少なくとも都立高校入試では教科書で未習の単語については※印をつけて欄外に意味を書く約束になっています。したがって都立高校志望者は、分厚い単語集を買って用いる必要は一切ないのです。英語の文法については授業でまとめたノート以外の資料は使いません。国語の解き方ノート、社会の一覧整理ノート、翼学院では他の参考書は用いず、すべて授業の板書を写したノートを「確認するために戻るための資料」として活用しています。

記憶のポイントの重要なひとつとして、**「常に同じ資料に戻ること」**が挙げられます。**疑問に感じた都度、反復して同じ資料を調べて正マークでチェックすることによって、「ノートのあの箇所にあった知識」と記憶の引き出しに知識を整理することができるのです。**

また記憶した知識は日数が経つと忘れてしまう、と言われています。人間は忘れるから新しい知識を覚えることができる、という話をお聞きになったことがあるかと思います。

どうしても覚えなければならない知識を定着させるためには、時間をあけて反復することです。例えば午後の定期テストで単語が出るとしたら、前日の昼間に数回、寝る前に一回、翌朝一回、昼休みに一回、テスト直前に一回、というように、時間をあけて何度も知識を確認することです。

③記憶の仕方に工夫を

i．分解する

まずは簡単な例から。翼学院では、know という単語は、〝ケ，ナウ〟と教えています。〝ノウ〟という発音通りに覚えさせると、nou、noo、など実に様々なスペリングミスが繰り広げられます。そこで、k＋now であることを強調するため、〝ケ，ナウ〟とスペリングの指導をするわけです。塾生は、ケ＝毛を想像するようで、その語感の面白さからも、何度か〝ケ，ナウ〟を繰り返します。次に know が登場したとき、塾生は即座に「〝ケ，ナウ〟でしょ？」と言いながらスラスラとスペリングを綴ってくれます。

また先の interested ならば、inter‐は、〝間の〟という意味で、internet などで用います。internet は、net の〝間〟をつないだもの、という意味です。この inter に〝エスティッドゥ〟

-estedがついたものがinterestedです。最後は動詞の過去形の規則変化と同様の-edがつきます。覚え方は、inter-〝インター〟-ested〝エスティッドゥ〟と覚えます。〝インタレスティッド〟と読み通りに覚えてもらうと、rを二つ重ねてしまう子が生じてしまうからです。これと対比させてimportantを覚えてもらいます。〝インポータント〟と発音してiNPO rtantと書いてしまう子が少なくありません。正確な発音記号は[impɔ'ːrtənt]で[in-]ではないのですが、混同してしまう子が少なくありません。そこで私は、im〝イム〟port〝ポート〟ant〝アント〟と分解して、〝イム〟と強調して覚えてもらいます。

ii. 一覧化して対比する

記憶の工夫のポイント2つ目は〝対比〟です。翼学院では、動詞を指導するにあたって、一般動詞とbe動詞を対比させて指導します（図表1参照）。三単現のsと名詞の複数形のsも対比させて指導します（図表2参照）。**似ているものは似ている点を共通項として異なっている点は取り出して、明らかに相違があるものはその点を明確にして区別することで、さらにはそれを一覧化することで、記憶しやすくなります。**

続けて「SVO1（人）O2（モノ）」を「SVO2（モノ）＋人」に書き換えることについて

の記憶法を例に説明します。（私が知る限り）これを体型的に整理した参考書類は見当たりません。また覚え方も聞いたことはありません。翼学院では以下のように指導しています。

・V（動詞）が他人の存在を前提としている場合▽give、teach、show など
SVO¹（人）O²（モノ）→SVO²（モノ）＋to 人
・V（動詞）が他人の存在を前提としていない（自分を前提とする）場合▽make、get、buy など
SVO¹（人）O²（モノ）→SVO²（モノ）＋for 人
人を前提とする動詞はtoを用いて、自分を前提とする動詞はforを用いる。

これを「ひトゥー、じフォー」と、お笑いで〝フォー〟が流行っていたときは、〝フォー〟のジェスチャー付きで指導するわけです。先に述べたknow「〝ケ，ナウ〟」にしても、指導者は恥ずかしがらずに大げさに、できるだけ印象に残るように繰り返し伝えなければなりません。また〝人（ひトゥー）が時報（じフォー）を鳴らした〟などのストーリーを作って覚えねばなりません。なお語呂合わせについては次に詳しく述べます。

be 動詞〜「＝」または「ある、いる」

He is a student.

I'm … am

You're, They're … are

過去：are —だけ→ were

is, am → was

"a" でなく "e"

w＋ⓔre

疑問文：Be 動詞 ＋ 肯定文 ？ が基本形 ——①

前へ

Is he ○ a student ?

Was he ○ a student ?

否定文：主語 ＋ be 動詞 ＋ not 〜 ——②

not だけで後ろから否定

He is **not** a student.

He was **not** a student.

省略形：縮めて "o" とり（'）wasn't

図表1

一般動詞とbe動詞の識別表

一覧化・定式的処理の反復、対比

一般動詞～動詞に意味あり

He likes sushi
(liked) → 3単現の"s"、過去の"ed"がつく

疑問文：Do ＋ 肯定文 ？ が基本形 ——①

Does he likes sushi ?
① 3単現の"s"をトル
② 母音の後だから"es"をつける

Doed he liked sushi ?
① 過去の"ed"（この場合は"d"）をトル
② edを付加したいところだが"oe"を"i"にDidとする

否定文：do ＋ not ＋ 動詞の原形 ——②

doを伴い前から否定

He does not likes sushi.
① 3単現の"s"をトル
② 母音の後だから"es"をつける
③省略形：縮めて"o"とり（'）doesn't

He does not liked sushi.
① 過去の"ed"（この場合は"d"をトル）
② edを付加したいところだが"oe"を"i"にdidとする
③省略形：縮めて"o"とり（'）didn't

図表 2

	3 人称単数　現在形		名詞の複数形
原　則	もとの形に　＋ s ex.　likes	→	ex.　books
子音字＋y aiueo (母音)以外	y を i に変えて　es ex.　study → studies	→	ex.　family → families
一定の 語尾の時 ＋es	語尾が s,sh,ch,x,o,ss (ス,シ,チ,ク(ショ),オー,スス) ex.　teaches	→	ex.　buses

iii. 語呂合わせ

図表2で、〃語尾がs、sh、ch、x、o、ssのときには-esを付ける〃という記述があります。その下に（ス、シ、チ、ク、（ショ）オー、スス）と書いてあります。これは覚えるための語呂合わせです。覚えづらい内容には語呂合わせが有効です。**ただ意味がない記号・暗号のような語呂合わせでは記憶はできません。語呂合わせにはストーリーが必要です。**（ス、シ、チ、ク、（ショ）オー、スス）は、「寿司屋に入って食おうとしたら、寿司がススを被っていた。ちくしょう！」というストーリーと共に覚えてもらいます。

iv. 知識の相関関係を整理する

私の社会の授業は、各分野の全内容が一続きとなっています。「歴史には流れがありストーリー仕立てで古代から現代までお話できる」というのは比較的良く言われることです。これに対して地理は「各国、各地域の位置、気候、産業などをバラバラに覚える」というイメージを抱きがちです。相互に関連性のない知識をバラバラに覚えるほど苦痛で困難なことはありません。私の地理の授業では、経済という観点から整理を行います。まず、経済大国である先進国と新興国"BRIC's"（著述段階では既にこれらの国は、新興国と呼ぶには経済規模が大きくなりすぎて抵抗がありますが）の位置を確認して、国土面積、位置による気候や資源を整理したうえで主要産業をまとめます。さらにそれが近隣の国にどのように影響を与えているか、という視点から〝経済圏〟でまとめて、それを〝ＥＵ〟〝東アジア〟などの地域、さらに大陸と関連させていきます。このような**視点から整理すると、バラバラだったはずの知識の相関関係が理解できて記憶しやすくなります。**

知識の相関関係について明確な例として、公民の政治分野の整理の仕方については後に説明します。

2 〝芦澤式〟問題解法・受験術〜都立高校入試問題国語の解き方を例に（中学受験、大学受験まで応用可能）

さていよいよ本章から、問題の解き方の話に入ります。ここは翼学院の指導の中核でもあります。この本を読んでいるあなたはラッキーです。どうしてって、これまで門外不出としてきた合格のための㊙必勝法を手に入れることが出来るのですから。①入試問題作成担当者の目に留まり裏をかかれるリスクがあり塾生のためにならない　②企業秘密である、という理由から非公開としてきましたが、しかし、（たとえ出題者に裏をかかれて傾向を変えられたとしても）基本的な解き方については用いることができることから、思い切って本書で公開することとしました。本書を手にとって下さった方は、ここで述べるエッセンスを十分にご活用ください。

プチ自慢ですが私は小学1年生から高校３年生まで、国語の成績が5（10段階評価では10）を下ったことはありません。模擬試験の結果でも国語だけは（！）常に全国で上位、巻頭の漫画にもある通り、高校生のときには出版社の文芸コンクールで受賞しました。翼学院で指導している国語の解き方のベースは、自分自身の高校・大学受験を通じて作り上げたのです。この方法は、大学受験から実に20ウン年経過しても、衰えるどころか益々磨きがかかっています。つまり〝普遍的な解き方〟であるわけです。

その基本的な考え方は、「**出題者の出題意図を読み取る**」ということです。これは国語に限ったことではなく、他の科目でも同様です。もっと詳しく述べると「**出題者は何を答えさせたいのか**」**について、**「**入試問題にのめりこんでしまうのではなく、一歩引いた視点から考えて解く**」**こと**です。……ちょっと抽象的で意味がわかりませんよね。では、東京都立高校の共通問題過去10年分で、繰り返し出題されている問題形式を例としてお話しましょう。

①時間配分、得点配分計画の重要性（予め決めておくこと）

まずは時間配分、得点配分計画から。都立3は10年間、毎年小説が出題されています。1、2と漢字の問題が続き、3は初めて取り組む文章題です。**国語の入試問題を解くに当たってはリズムが大切です。**このあと続いている4は大人が読んでも、ゆうに10分以上かかる（さらに大人でも理解できる方は限られてしまうような）最難関の説明文です。仮にこの問題が3に配置されていて、この文章を真っ先に読んでしまったとしたら、「何言っているかわからねーよ！」とパニックになってしまって、その後の簡単な問題を落としてしまう受験生が続出することでしょう。では4に置いてくれている都立入試は親切か？　さにあらず。説明文のあとには、5古文・漢文・和歌混じりの随筆が控えています。さらに説明文の問題は、４題の選択問題と最後の１題は２００字作文です。じっくり問題に取り組むお子さんだと、4の作文で力尽きる、というケースが少なくありません。ちなみに5の配点は25点、4で力尽きてしまうと、国語は最高点が75点となってしまうのです。

それゆえ翼学院では、1、2**の漢字の読み書きは上限3分（理由、じっくり考えても思い出せないものは思い出せない、また1問2点という配点の低さから）、次は読みやすく頭に入りやすい**3**の小説、文章読みは上限3分、1問上限3分、合計では13分程度で。ここ**

でリズムに乗って、**最難関の4は飛ばして5へ。古文漢文の知識は全く不要**。普通の文章題の解き方で、**古文漢文は読まないで求められたときだけ現代語訳から遡ること**、これも読み3分、1問3分を上限に。そのうえで最後に4説明文を、作文については芦澤式で定式化した書き方に問題の内容を当てはめるだけ、**直前まで練習して書けるようにならなければ、一切考えず捨ててしまう。捨ててしまってもマイナス10点スタートの90点満点**。都立高校で90点以上の点数を求めるのは上位校のごく一部。それよりも**作文が苦手ならば、最初から捨ててしまう精神的安堵感、またそれにより他の問題にかける時間が増えるメリットのほうが大きいのです**。

後述する**芦澤式消去法**というメソッドを体得している翼学院生は国語が苦手で1だった**塾生でも、選択問題は8割正解できる**、だから選択問題は必ず取れます。例年、都立入試国語での**選択問題の配点は55〜60点、これに漢字10点(配点は20点)程度を取れば、65〜70点、中堅クラスの高校まではこの点数で合格可能です。中堅以上の学校を目指す塾生は、残りどの記述問題を取るか、これが時間配分、得点配分計画です**。過去問を解いておく意味はここにあるのです。特に国語の問題は二度と同じ文章は出題されません。過去問を解くよりも予想問題を解いたほうがよいのでは? これについては、断固ノーと主張します。

理由は、予想問題を作成する出題者は本番の入試を作成する出題者ほど時間や労力を割いて問題は作らず、さらに残念ながら出題者のレベルも違うから、です。予想問題を解くよりは、過去問を繰り返し解いて時間配分、得点配分を身につけ、本番の出題傾向について体得したほうがよい、それゆえ翼学院では、入試対策は過去問しか使いません。

②模擬試験の効用

では模擬試験も受ける必要はないか？　翼学院では年間を通じて塾外で模擬試験を受けることを奨励（半ば義務付け）しています。

その理由は、①塾外、学校外の他の受験生の中での自分の位置づけがわかること　②出題範囲がある時期（直前期以外）は、模擬試験で出題範囲ごとに自分の得意不得意が判明すること　③塾で習った解き方、時間配分、得点配分を実践してくることができること　④高校など会場での受験となるので、本番の入試の予行演習ができること　⑤志望校の判定も得られること、などです。

志望校判定が⑤の一番最後に書いてあるので、意外に思う方も少なくないでしょう。もちろん、一般的に偏差値30台のお子さんが偏差値70近い志望校を書いた場合の合格判定

１％程度（?）、これは正確な判定で志望校変更が必要でしょう。しかし合格判定40％だから直ちに志望校を変更する、翼学院ではこのような進路指導はしていません。なぜならば、夏期講習、冬期講習、直前講習を通じて徹底的に必要最低限の知識を身につけ（ここは重要、必要最低限、です）、芦澤式解法を身につけた塾生は、偏差値20超えというミラクルを次々に巻き起こしているからです。翼学院に通っていないお子さんでも**合格判定30～40％ならば、十分に逆転のチャンスはあります。特に夏や初秋の模試で30～40％判定を貰ったからと言って、安易に志望校は変えないことです。**それにより「志望校を下げたのだから、勉強もソコソコでいいや」という悪しき逆効果が生まれます。

③入試問題を解く際に必要最低限の知識とは

「はい、これから秘伝のプリントを配布するぞ。今回の夏期講習で配布した１００ページのプリントをすべて頭に入れておけば、社会の入試で１００点取れることを保証するぞ。頑張って覚えなさい！」**合格保証を謳《うた》っている塾にはこのような無理難題を押し付ける塾が少なくありません。**１００ページではないとしても、**大部のプリント、まとめ本を隅々まで覚えれば合格できるのは当たり前、そんなことができるならば、そもそも学習塾など**

には通いません。大げさなようですが、市販されている社会のまとめを歴史、地理、公民、と合わせると100ページ近くになってしまいます。コンパクトにまとまっているものですら、40ページ程度はくだりません。しかし、「直前予想」などと謳《うた》ったもっと薄い冊子では、必要な知識がしっかりと網羅されているか不安が残ります。**また社会だけで100ページ近くの知識を覚えている余裕はないのです。理科、英語の単語・文法、数学の公式、他にも覚えなければならないことは山ほどあります。**

「塾で提示した知識を覚えていないから点数が伸びない、合格しなかったのです」必ずと言ってよいほど、合格保証塾の最後の言い訳はこのようなものです。

では翼学院ではどうか？ **私の指導では、中学校3年間（小学校6年間）を通じて、頭に入れるよう指示する社会の知識は、概ね10ページのプリントに集約されます。**「10ページ？いい加減なことを言うのも大概にしろ！」という教育業界からのお叱りが聞こえてきそうです。でも本当に10ページに集約してしまいます。なぜ100ページを10ページに集約できるのか、それは**芦澤式社会は、歴史は時代区分を知る骨子となる知識のみ、地理は位置・気候・産業のマトリックスから主要国を中心に世界や日本全土を眺める知識（と地図記号）、公民は政治分野は日本国憲法の三大原則からすべてを説明する骨子、経済は三主体と需要**

供給からすべてを説明する骨子、これに集約してしまうからなのです。

例えば歴史の問題、**難しい人名を漢字で書かされる問題は都立入試では出ません。また年号を書かされる問題も出ません。参考書やプリントに掲載されている知識のほとんどが入試では要らない知識なのです。**一方、時代区分は非常に重要です。例えば「運慶快慶の金剛力士像」と書けても都立入試では得点になりません。どの時代区分に製作されたものか、が問われます。

だから、鎌倉時代＝武家の時代＝ゴツゴツとした文化、このような理解をしておくことが重要なのです。「平安ではないのはわかるが、あれ室町だったかな？」

室町時代は建武の新政の影響の下、貴族趣味が復活しています。その例が金閣寺です。だからこの区分には「運慶快慶の金剛力士像」は入りません。

さて公民の政治分野について。まずは**日本国憲法の三大原則**を挙げてみてください。**この原則の中で一番大切な原則は何でしょう？　意地悪なようですが、学校の先生や塾の先生にこの質問を投げかけてみてください。中学校の教壇に立たれている教員や塾講師に尋ねたとき、例外なく「？？？」という顔をします。**翼学院に入社を希望してきた博士号と社会の専修教員免許を持っている方も同様の反応でした。私は塾生に以下のように説明しています。

日本国憲法の三大原則で一番大切なのは〝基本的人権の尊重〟。これを守るきまり（**日本国憲法**）がないと〝走れメロス〟の悪い王様のような権力者に、理由もなく捕まってしまい死刑にされてしまうような事態が起きてしまう。

ではそれを防ぐにはどうしたらよいか、法律を王様が決めてしまったとしたら、嫌いなメロスを処罰するため、「メロスの家は代々、王家を苦しめてきた因縁のある家系。だから国民の安全のためにもメロスの家に繋がるものは処罰しなければならない」などという神話を作ってしまい、〝メロス処罰法〟を作ってしまう（立法）。こんな法律ができると法律に基づき王様の軍隊や警察が動きメロスを捕まえてきてしまう（行政）。そして王様の前でメロスは死刑を宣告される（司法）。この悪循環に陥らないためにはどうすればよいか。それは法律をつくる、国政を動かす主人公が国民であること。これを〝**国民主権**〟という。

でもいくら尊重すべき基本的人権を憲法で定めて、国内での政治の主人公が国民だとしても（国民主権）、外国と戦争になって空から爆弾が降ってきたら、人権など絵に描いた餅になってしまう。だから〝**平和主義**〟が定められている。

この考え方は、大学の憲法学では通説とされている説からの説明ですが、学者の全員がこのように考えているわけではないことはお断りしておきます。しかし考え方、**覚え方としては非常に理解しやすい。**だから翼学院ではこのように指導しています。**残念ながら、学校の授業でも塾の授業でも、「はい、日本国憲法の三大原則を覚えてください」「三権分立と各機関の役割は丸暗記するように」という指導が大半です。芦澤式では上記の国民主権から三権分立をすべて説明します。**だから、「法律を作る機関はどこだっけ？　内閣かな？　法律だから裁判所かな？」と迷うことなく、「国民の代表者が集まる一番国民に近い（はず？の）国会」と答えることができるのです（図表３参照）。

④「表現」を問う問題についての解法

都立高校の国語の入試問題で最多出題記録を誇るのが、3小説での「（傍線部の）表現について述べたものとして最も適切なのは次のうちどれか」という選択問題です。

芦澤式鉄則「表現を問う問題では、傍線以外の箇所は読むな！」

この点については翼学院では以下のように説明しています。絵画の表現を聞かれたときに、額縁を見るでしょうか？　飾ってある壁の感想を述べるでしょうか？　傍線部の表現を聞かれているのだから、他の箇所を読んではかえって混乱します。具体例として、東京

図表3

公民・政治見取り図

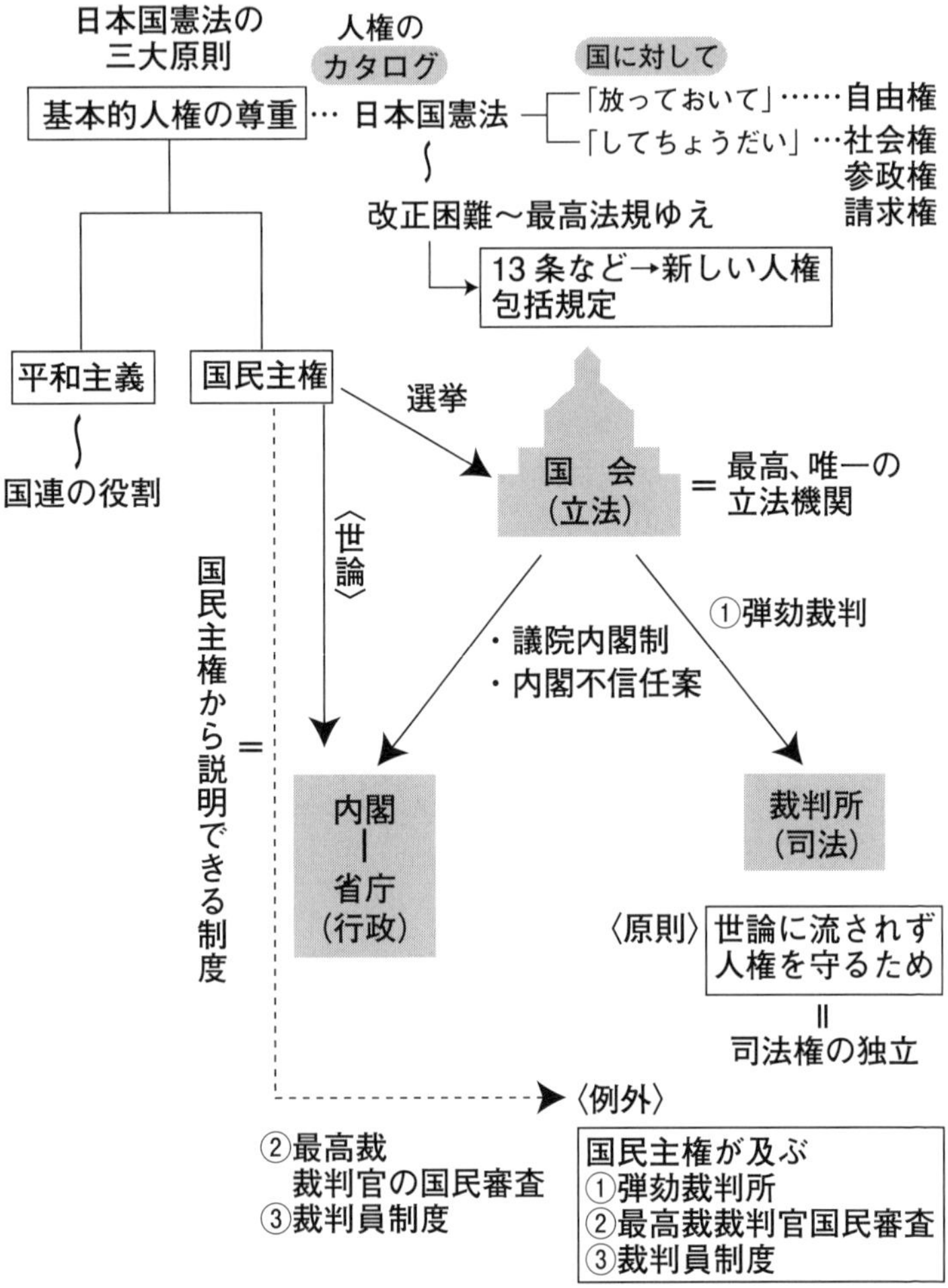
日本国憲法の三大原則
人権のカタログ
国に対して
基本的人権の尊重 … 日本国憲法
「放っておいて」……自由権
「してちょうだい」…社会権
参政権
請求権
改正困難～最高法規ゆえ
13条など→新しい人権
包括規定
平和主義
国民主権
国連の役割
選挙
国　会
（立法）
＝最高、唯一の立法機関
〈世論〉
国民主権から説明できる制度
＝
・議院内閣制
・内閣不信任案
①弾劾裁判
内閣
省庁
（行政）
裁判所
（司法）
〈原則〉世論に流されず人権を守るため
＝
司法権の独立
〈例外〉
②最高裁
裁判官の国民審査
③裁判員制度
国民主権が及ぶ
①弾劾裁判所
②最高裁裁判官国民審査
③裁判員制度

都立高校平成15年3（問1）を通じて考えましょう。著作権との関連で問題文や問題を掲載できないことをご了承ください。

あらすじは、優しいおじいちゃんのもとで暮らしていた父と娘、父が仕事のため東京に戻ることを海辺の展望レストランでおじいちゃんに切り出す話です。おじいちゃんはそのことを察知していて、父が話を切り出す前に、「東京に帰りとうないか？」と声をねじ込むのです。この表現から読み取れるおじいちゃんの様子を選択問題で聞いているのが、平成15年3（問1）です。

まずポイントは、表現の問題では傍線部だけを読むこと。おじいちゃんは声をねじ込んでいるのです。さて選択肢（肢《あし》と呼びます）を見てみましょう。**肢をみる際のポイントは肢の全文を読まないこと**。ここでは、「様子」を尋ねられているので、各肢（ア～エ）の最後に共通して書かれている「様子」に○をつけて、それに近いところをできるだけ短く抜き出し、線を引いてしまうのです。

理由。問題を作成する担当者は、「様子」の部分をまず作成します。そのうえで、（入試は選抜試験なので、全員を合格させられないから）迷うように「様子」以外の部分を付け加えるからです。

さて準備完了、次に各肢の線を引いた箇所と傍線部の表現を見比べます。

ア．突然新しい話題を持ち出した様子　イ．強引に言葉をさえぎって話し始めた様子　ウ．ことさら優しく問いかけた様子　エ．さりげなく話題を変えて会話に加わった様子

この中でどの肢が一番人気でしょう？　例年、芦澤式の国語の授業を受ける前の塾生に問題を解いてもらうと、実に7割程度の塾生が　ウ．の「ことさら優しく問いかけた様子」を選びます。理由は、「優しいおじいちゃんだから」。

ちょっと待って、と感じた方は鋭いです。全体の文章では「優しいおじいちゃん」ですが、傍線部では、〝父が話を切り出す前に、「東京に帰りとうないか？」と声をねじ込む〟とあります。ねじ込むというのは果たして優しい話し方・様子でしょうか？　このように考えると、エ．「さりげなく話題を変えて」も×です。

あとは　ア．突然新しい話題を持ち出した様子　イ．強引に言葉をさえぎって話し始めた様子　の二者択一です

⑤芦澤式消去法

一般的に学校や塾で教える消去法は、違うと思う肢の記号（ア～エ）に×をつけるというものです。

〈芦澤式消去法〉
①「様子」「気持ち」「から」などの問いに直接答えている箇所に○をつける
②①の言葉に近い部分、さらには「様子」「気持ち」「から＝理由」をあらわす箇所に短く線を引く（長く線を引くことを認めると、不安に感じて全体に線を引くようになってしまい、問題に答えている部分を探すことができなくなるから）
③線を引いた箇所と問題文の傍線を見比べて、自信をもって違うと考える箇所には×をつけて、その上で肢の記号（ア～エ）に×をつける　自信がない肢には△をつけてどんどん進む
④大抵２つ程度の肢が残るので、残った肢の傍線を引かなかった読んでいない箇所と問題文の傍線を見比べて答えを出す（図表４参照）

「声をねじ込む」は強い調子ですからア・「突然～」持ち出す程度よりも強いイ・「強引に」が正解となります。

「あら、面倒くさい。肢の記号（ア〜エ）に×でいいじゃない！」ちょっとおしゃまさんの女子生徒などで、このように言う子も稀にいます。しかし**慣れてしまえば学校の国語の成績が1の子でも瞬間にこの作業ができるようになります。また正確にこの方法を用いることができるようになると、選択問題で少なくとも8割は取れるようになります（これは他塾の成績保証とは異なり、ツバサ生は、芦澤式国語履修後、本当に国語が得意になります）。**

図表4

ア．――突然新しい話題を持ち出した様子
イ．――強引に言葉をさえぎって話し始めた様子
ウ．――ことさら優しく問いかけた様子
エ．――さりげなく話題を変えて会話に加わった様子

この解き方を用いる理由は　①大体、なんとなく、という不正確な解き方を排除するため　②焦点がぼやけてしまい、肢の全体を何度も読み返すことになって時間を費やしてしまうことを防ぐため　③機械的に作業を行うことでリズムをつくるため　など数限りなく

あります。

⑥常識や感覚・思い込みを付け加えない

20数年国語の指導に携わり、**国語の選択問題を間違えるワースト1の理由は、「なんとなくこれだと思った」**です。これに、先の例で述べたように「おじいちゃんは優しいから、ここでも優しい対応をしただろう」と**余計なことを付け加えてしまう**、「環境は大切だ」というような一**般常識的肢を文脈を読まずに正解としてしまう**、が続きます。これら**3つの誤り方を排除することができれば、少なくとも選択問題の点数は飛躍的に伸びます**。これを繰り返すことで文章を正確に読むトレーニングとなり、記述問題でも正答率がアップします。

> **芦澤式鉄則「国語は文章を正確に読み取る科目。常識クイズや雰囲気当てクイズではない」**

以上、著作権の関係から、問題を提示して具体的な○や△のつけ方、線の引き方など提示できないことが非常に残念です。詳しく知りたい方は是非、翼学院の門を叩いてください。

⑦頻出語句の正否や意味を予め知っておく

これも（裏をかく問題を作成されるリスクが高いため）本当は公開するのは嫌なのですが、芦澤式の本質をあらわす例なので本書でお伝えします。**表現を問う都立入試の選択肢で過去繰り返し出題されている「時間の経過とともに」「順序立てて丹念に」というキーワードに注意してください。この言葉が入っている肢は×である可能性が非常に高い**（極言すればほとんどノーチェックで×）と言えます。

なぜでしょう？　絵画や写真などのビジュアルで表現すれば一瞬で伝わることも、言葉にすると長くなってしまいます。だから長々と文章で表現されていたとしても「時間の経過」は経過していないことが通例です。また例えば人の顔を言葉で伝えるときに、〝必ず目から伝え、次に鼻、口〟などという順序はあるでしょうか？〝大きな鼻に目が行ったから鼻から書いた〟など、どの順序で表現するかは作者の自由です。

これとは別に「ユーモラス」という言葉は都立入試国語の肢の中で頻出されています。意味がわからない塾生も少なくないので、「おもろー（世界のナベアツさんのギャグ、出版時には相当古くなっているかも）」とジェスチャー付きでやって指導しています。同様に頻出の「誇らしく」は、オードリーの春日さんの物まねをしてイメージを伝えています。入試問題の解法とは別ですが、詩の表現技法については「すべてインパクトを出すため」。例えば倒置法、主語・述語という普通の文の並びではインパクトがないため並び替える。「鳥居みゆき（さん）ってさ（これも古くなっちゃったかな）実はすごい美人なんだよ、だけど美人がお笑いやっているだけじゃインパクトないじゃん、だから顔を白く塗りたくって「ヒットエンドラーン」ってやるんだよ、ほれ「ヒットエンドラーン、倒置法」「ヒットエンドラーン、体言止め」……、くしくも芦澤学院長のお笑い好きが露呈しましたね（笑）。学校でこんな授業をやってくれれば、生徒は勉強が好きになると思うのですが……。

3 〝芦澤式〟学習法、解法はテクニック重視なのか？

「こうやって受験テクニックを並べて子どもの真の学力を育成できるのか？」

特に教育関係者からのご批判が聞こえてくる気がします。しかし本当に芦澤式指導学習法はテクニックだけなのでしょうか？「表現について聞いているから表現だけに注目する」「読解の際に常識や思い込みは持ち込まない」これらは**文章読解の王道でありかつ対人コミュニケーションでも非常に重要なこと**ではありませんか？ その証拠に**翼学院を巣立っ**

たアスペルガー障がい、自閉症、不登校などのラベリングをされた塾生たちは、ＡＯ入試で自己表現をして大学に合格している、高倍率の就職試験を突破している、など卒塾３年後にも、数々の実績をあげてくれています。もちろん単に解き方を学ぶだけではなく、作文・面接の授業や思考法の授業、面談などを通じて、**数え切れないほどの対話や一緒に考える経験も大きく寄与してのことです。**「ヒットエンドラーン」も欠かせません（笑）。

また「時間の経過」「順序立てて」の選択肢の切り方（×のつけ方）でも明らかなように**芦澤式解法は非常に論理的**なのです。授業では必ず理由を説明するため塾生の論理性が向上します。**「芦澤学院長の授業は頭をフルに使うので終了後、ドッと疲れが出るが爽快感がある！　だんだん頭の使い方がわかってくる」これが塾生の感想です。**

多くの塾や予備校で繰り広げられている、わかった気にさせる頭を使わせない授業では思考力はつきません。負荷を掛けた日々のトレーニングが本番で実力を発揮することに繋がるのはスポーツに限ったことではありません。

第3章　秘伝！〝芦澤式〟覚え方から解き方のポイント

1．〝芦澤式〟記憶法

★一度に覚えようとしないこと
★繰り返し書いて覚えるやり方はダメ
★〝正マーク記憶法〟でまず紙に覚えてもらうこと
★反復して同じ資料に戻って「あの箇所にあった知識」と記憶の引き出しに
★暗記が必要不可欠な場合は、時間をあけて反復すること
（記憶の仕方の工夫）
★分解する
★一覧化して対比する
★語呂合わせはストーリーを作って
★知識の相関関係を整理する

2.〝芦澤式〟問題解法・受験術

★問題にのめり込まず出題者の出題意図を読み取る
★過去問を使って時間配分、得点配分計画を予め決めておくこと
★入試問題を解くに当たってはリズムが大切～簡単な問題で勢いをつけよ
★知識で解く問題には時間をかけない（思い出そうとしないで後回し）
★予想問題よりも過去問の反復を
★入試問題を解く際に必要最低限の知識のみインプット
～例えば歴史の年号や難しい人名は公立高校の入試では出ない
★知識のプリントやテキストを大量に配る塾は選ぶな
～公立高校社会は10ページのプリントで合格できる!
★中核となる原則から波及的に理解・記憶～芦澤式では「基本的人権の尊重」から公民の政治分野すべてを説明
★模擬試験の効用は解き方・配分の実践と場馴れ
～合否判定はおまけ

★夏や初秋の模試での合格率30～40％判定で安易に志望校は変えるな
★国語で表現を問う問題では、傍線以外の箇所は読むな！
★国語に常識や感覚・思い込みを付け加えない
★頻出語句の正否や意味を予め知っておく
★テクニック偏重ではない論理的解法で脳トレを！

3．〝芦澤式〟消去法～苦手な子でも選択問題で8割取れる

★肢の全文を読まないこと
★「様子」「気持ち」「から」などの問いに直接答えている箇所に○をつける
★「様子」「気持ち」「から」などの言葉に近い部分、さらには「様子」「気持ち」「から＝理由」をあらわす箇所に短く線を引く
★線を引いた箇所と肢の記号（ア～エ）に×をつける
★自信がない肢には△をつけてどんどん進む
★残った肢は傍線を引かなかった箇所で勝負

第４章

「こんな授業をする塾、学校を選べ！」

50人の個別指導を可能とする
〝芦澤式〟クラス指導法によるチェックリスト

よく学校の先生から「塾は個別指導ができるからいいけれども、**学校は1クラス30名はいるからね。一人一人の力を伸ばす指導は難しいんだよ**」という声をお聞きします。ちょっと待ってください！　翼学院ではクラス授業も設置しています。個別指導から出発した翼学院がクラスを設けた理由は、①受験期になってたくさんの授業を受けたいが、個別指導ではコストが高いためクラスを設置して欲しいという声が多い　②人気講師の個別指導を受けることがスケジュールの関係で難しい塾生のニーズにお応えしたため　③クラスで競い合う相乗効果が期待できるからなどです。

しかし、ホワイトボードに向かって講師が一人でしゃべっているのでは、クラス授業での個別支援ができません。そこで**翼学院ではソクラテス方式という対話中心の指導を行っています**。ソクラテス方式というのはアメリカのロースクール（法律家を養成する大学院）などで行われている指導者を囲み対話をしながら授業を進行する指導方法です。最近では、そのようなイメージです。私自身が大学院でこのスタイルの授業を受講した経験があるのでマイケル・サンデル教授の「ハーバード白熱教室」がＮＨＫで放映されていましたが、

「お客さんになることなく主体的に参加できるクラス授業のため」翼学院向けにアレンジして採り入れています。**夏期講習や冬期講習での私のクラスには実に最大50名までの受講生**

が集まります。普段は全塾生の指導にあたることができないため、受験期の講習では少しでも私のノウハウを吸収しようと考えてくださる塾生と保護者の方のお気持ちに応えるため、大教室に入りきる人数をキャパ（受け入れ人数）として、私のクラスに限っては人数制限は行っていません。

では、様々な学力の塾生が集う50人のクラスはどのような様子でしょうか？　前日遅くまでインターネットをやっていて眠っている子、隣の席の子とおしゃべりしている子、携帯をいじっている子、漫画を描いている子……、学校の授業でありがちな光景です。初めて私の授業を聞く塾生もいる初日については、このような塾生は皆無とは言いません。しかし5日間で一期を終えるときには、皆、前のめりに授業を受講してくれるようになっています。私の発言に真剣に耳を傾け、質問には活発に発言をしながら、問題が解けた喜びに「よっしゃ！」などの歓声をあげながら。

私のクラスは、子ども達と共に創り上げていく理想的な授業のあり方だと自負しています。翼学院のクラス授業は個別指導の延長上にあり、一人一人の支援を親密に行います。

しかし、この通りの授業を行っている教員や学習塾講師は非常に少ないと思います。そこで本章では、保護者の方が学校選択に先立って授業参観に行かれたとき、塾の無料体験授業を受けられたときに、学校や塾の善し悪しを判断する視点をお伝えします。章末にチェックリストが13項目ありますので、授業をご覧になる際に、いくつの条件を満たす授業かチェックしてみてください。6点未満の塾や学校は落第です。また学級崩壊などでお悩みの教育関係者は、自身の授業をセルフチェックしてみてください。必ずお役に立つはずです。

1 解説時にも発問を欠かさない授業であるか

人間が本当に集中できる時間はおよそ10分程度と言われています。フルタイムでお話をしてしまったら飽きてしまうのは当然です。例えば私の歴史の授業では、古代から現代に至るまで、大筋の流れをストーリー仕立てでお話しするなかで、「さて、この鎌倉幕府を開いた人は誰だっけ?」などと要所要所で**特定の塾生を指名して発問します**。あくびをしていたり、よそ見をしていると当たる確率が飛躍的に高まります。一回の授業で全塾生が指されるようにします。**答えられない時はパスを認めますが、時間が経った後再び同じ質問がその子に向けられます。**

2　愛コンタクト、間の取り方に注意しているか

愛コンタクト、何のことでしょう？「理解してくれよ」「頑張れよ」という思いを込めた eye（眼と眼）のコミュニケーションのことです。「よくできた！」と褒めるときには、私の眼は喜びに満ち溢れ、「しっかりしてくれよ」と伝えるときには、眼がそのように訴えかけます。私は直情的な人間なので、「この子たちにこの難問を理解させることができれば死んでもいい」と常に思って教壇に立っています（実際、１問だけで死んじゃったら困るのですが）。これらの**目線を全塾生に常に向けています**。これが愛コンタクトです。

この愛コンタクトの間合いですが、例えば難しい話をしたときに一回話を停めて全塾生を見渡してみます。そこで「わからない」という表情を浮かべる塾生が多ければ、再度角度を変えて話をします。すると授業の途中で「そう、be 動詞プラス……？」などと質問をするような視線で言葉を停めたとき、特に指名しなくても塾生が「過去分詞！」などと応えてくれます。ソクラテス方式での対話が高じて騒がしくなってきたとき私が対話を止めると、それに気づいた塾生もピタッと話を止めます。見学している講師から、「どうして塾生は塾長の言動にしっかりと反応するんだろう？」と質問を受けます。理由はひとつ、**50**

名一人ひとりの塾生と個別に対話しているからです。

3 立ち止まってレスポンスをしっかり返しているか

先に例であげた受動態のbe動詞の後ろに続く一般動詞についてもし「現在分詞」と答えた子がいたら（現在分詞→能動的な進行形）、受動態と進行形の基本形を並べて提示し、例文も並べて対比して説明します。「そんなことしていたら授業が先に進まないのでは？」……。いえいえ、反復は重要です。ムダ話をする時間を削れば先に進みます。「できる子がつまらなくなるのでは？」……。**反復する理由や重要性をしっかり伝えて、できる子には「この機会に完璧にマスターして」もらう必要があります。場合によってはワンステップアップした課題を与える**のも有効でしょう。

4 多人数にかまけて曖昧にしない授業をしているか

だから私のクラス授業では、個別指導並みに苦手な塾生に指導を行うのです。

もちろん時間的な制約や他の塾生の進度という制約もあるので、どうしても時間内にはムリ、というときには授業後に個別対応をしますが、**少なくてもわからない箇所についてはあいまいにせず、原因の〝分析〟までは授業内で行って通常の授業を担当している講師と教室長に申し送りをします。**

5 クラス授業でも個々のレベルに応じて与える課題を用意しているか

指導者は予め3ステップ程度の段階別難易度で構成される問題集を用意しているでしょうか。先に述べた〝苦手な子へのクラス内指導〟で得意な子がどうしても退屈してしまうときには、ガイダンスの後、難易度の高い課題を与え、逆にクラスについていけない子には、難易度の低い問題を解いてもらうと良いのです。

6 たくさんの褒め言葉を持ち、的を得た褒め方をしているか

「この時間で飛躍的に力がついたね」「うん、これならば次のテストは80点以上取れるよ」

「国語は得意になったんじゃない?」「今の段階でそれだけできていればたいしたもんだ」……、指導者は数え切れないほどの褒め言葉を持っている必要があります。**ポイントは的を得た褒め方をすること。**自分では不本意な出来、十分に理解できていない塾生に向かって「エクセレント! よくできました」と言っても、「はぁ……」という反応しか返って来ません。例えば受動態で答えるべき問題を進行形で答えてしまった塾生に「うん、それは進行形だ。**ずいぶんと前にやった内容をよく覚えていたね。さてそれがわかっていれば次に進めるよ。**進行形の動詞ってどれだっけ?」などと褒めます。

7 お子さんの様子を良く〝観察〟している授業か

褒めるため、またへこんでいるところを見つけ出して授業内で埋めるためには、お子さんの様子を十分に〝観察〟している必要があります。〝観察〟、第一章で述べた内容ですね。だから**芦澤式ではクラス授業も個別指導の延長上にある**のです。

8　机間循環で間違いの理由を探って声を掛けているか

クラス授業内の問題演習の時間こそ、私のもっとも忙しい時間です。机間循環（生徒の机を回ること）を行い、**悩んでいる塾生には声を掛けて悩んでいる理由を探ります**。また**問題を解く過程での間違え方をみて間違える理由を分析**します。「クラス授業では伸びない」と断言する指導者の大半が、演習の時間をムダに過ごしています。ひどい場合は読書をはじめちゃう講師もいます。

9　自尊心を傷つけない配慮をしているか

私は**怠けている子には容赦なく質問を飛ばします**（基本的に、余程のことがない限り、「静かにしろ！」的な怒鳴り方はしません）。しかし**熱心に取り組んでいるのに理解が難しい、という塾生には発問で深追いはせず、机間循環でそっと声を掛けて、出来る限り良いところを褒めます**。また一度尋ねた問題について理解している様子を確認した上で、再度同じ問題を出し答えられたときには「よく聞いていたね！よく理解したね！」と褒めることもやる気に繋がります。学校やスパルタ塾の授業が嫌いになる理由の大半が、指導者の不用意な発言による自尊心の傷、です。特に大勢の前でやられると非常に痛いです。

10 指導者がフル稼働し汗をかいているか

本書を手にしてくださった教育関係者の方は非常に向上心を持たれている方であると思いますので、あえて苦言を呈します。クラス授業で伸びないのは、あなたの汗のかき方が足りないからです。**指導者は授業時間中、お子さんを見つめること（観察→分析→対策）にフル稼働することが大切です。**「あー、先生の授業は運動した後みたいに疲れるよ。だけど爽快感はある」「頭のトレーニングだから疲れるのは当然、負荷をかけないと筋肉はつかない。だけど俺もクタクタだよ！」私の授業終了後は運動したあとのように上気した顔を突き合せて塾生と語ります。

第4章「こんな授業をする塾、学校を選べ！」授業参観チェックリスト

□1．ソクラテス方式（対話中心の指導）でクラスでの解説時にも要所要所で特定の塾生（生徒）を指名した発問を欠かさないかどうか

□2．目線を全員に向けた愛コンタクト、間の取り方で個別に対話しているかどうか

□3．塾生（生徒）の反応に立ち止まって、レスポンスをしっかり返しているかどうか

□4．多人数にかまけて曖昧にせず、解らない原因の〝分析〟まで授業内で行っているかどうか

□5．クラス授業でもレベルに応じた個々に与える課題を用意しているかどうか

□6．たくさんの褒め言葉を持ち、的を得た褒め方をしているかどうか

□7．「○○には褒めるところがないよ」と言い訳せず全員に声を掛けているかどうか

□8．全員の様子を良く〝観察〟しているかどうか

□9．机間循環で間違いの理由を探って声を掛けているかどうか
□10．自尊心を傷つけない発言、対応を心がけているかどうか
□11．怠けている子には容赦なく質問をしているかどうか
□12．「熱心に取り組んでいるのに理解が難しい」という子には発問で深追いはせず、机間循環でそっと声掛けをしているかどうか
□13．指導者がフル稼働し汗をかいているかどうか

★判定

13	芦澤式免許皆伝	
12	優秀賞	非常に頑張っている指導者です
11～10	優良賞	街の名医ならぬ名教師です
9～7	努力賞	意欲は認められる指導者です
6～0	残念賞	選べるならばその塾・学校は避けたほうが……

第５章

〝芦澤式〟面接・小論文突破法

1 典型的優等生を演じさせる中学校の面接指導

近年、公立高校の入試でもパーソナルプレゼンテーション（規定の時間内で自身のアピールをする入試）など人物をみる形式の入試が増えてきました。大学入試では以前から、AO入試という形で存在していた形態です。のみならず推薦入試では面接や小論文を課す高校は少なくありません。所属中学の校長、進路指導担当教諭による面接対策指導を受けてきた塾生は、皆、ロボットのようです。入室時のノックを忘れると減点、座る際に「失礼します」と言わないと減点、家族を「お父さん、お母さん」などと「さん」づけで呼ぶと減点……。まぁこれらはマナーを重んじる姿勢の表れ、と考えて許容できるとしても、中には、「進学校を受験するのに、将来の夢がメイクアップアーティストとは何たることだ！受験など辞めちまえ！」と校長に怒鳴りつけられ、私のところに泣きながら来た女子塾生もいました。私から言わせると「大きなお世話で発想が貧弱」な発言です。「気持ちが沈んでいる人を美しくすることで元気になってもらいたい」女子塾生のこのような思いを汲み取ることができない（引き出すことができない）、良い大学に進学することが最上の価値基準である中学の校長の考えには正直言って呆れました。さらに詳しく聞くと、「最先端のメイク技術を身につけるために海外留学したい」とのこと、私は「すべてありのままに面接で話す」ことを勧めました。結果は……、当然合格。入塾時に「うちの子はそんな偏差値の高い学校、とてもムリです！」とお母さんがおっしゃった学校に塾生と二人三脚で合格しました（もちろん、ご家庭も私たちとガッチリ連携して応援してくださいました）。

翼学院での面接指導は減点方式ではありません。ノックを忘れたことに気づいたら、頭を掻いて「忘れてごめんなさい」と言えばよい、そんなところで高校の面接官の先生は人物を判断しないと確信しています。本書をお読みになっている成人の方にお尋ねします。一点の淀みもなく敬語を操り、事前に準備してきた１００点満点の回答をする（こまっしゃくれた……、失礼！）お子さんと、つたない話術でも熱心に将来の夢を語る元気なお子さんと、どちらに好感を持ちますか？「貴校に入学して勉強に部活に精一杯頑張りたい」面接では、ほとんどの子がこのように言うでしょう。このような定型的な言葉は、「こんにちは」という挨拶程度のインパクトしかなく、逆に「どんな勉強？　どんな部活？　なぜ中学の時にはあまり頑張れなかったのに、急に高校で頑張る気になったの？」などと突っ込まれたらヤブヘビです。

2 面接はお見合い、自己PRカードは釣書《つりがき》だ！

翼学院での面接対策授業では、〝面接はお見合いだ〟と指導しています。表面的なキャリアも無視はできませんが、お見合いでは何よりも〝相手の人格〟を踏まえた〝相性が合うかどうか〟が大事（な、はず）です。特にバブル崩壊後、また震災以降は、女性の間での、3高神話（高学歴、高収入、高身長）が崩れているそうです。世に言う一流大学を出て、上場企業に就職し、結構な収入を得ていた男性も、リストラで高身長以外は失いかねない世の中です。そんなことよりも、生涯の伴侶にふさわしい価値観や人格を備えているかのほうが重要だ、ということだそうです。高校受験もそうです。一流と言われる高校に進学して有名大学を目指していたがプレッシャーでプツンと切れてしまい、親や兄弟を殺めてしまったというような事件もみられます。超人的にお勉強ができる子を求める超進学校は別かもしれませんが、**校風を理解してその高校の中で自分を伸ばしていくことができる子**を求める気持ちのほうが、面接をする先生には強いと思うのです。**お見合いである以上自分の個性をしっかり伝えて、「あなた（高校）と良い関係が築ける」ということをアピールすべきです。また「あなた（高校）のこんなところが素敵だと思います」とラブコールを**

送るべきです。

面接の授業でいつも私がする、エビちゃんと芦澤先生がお見合いしたら……、という話があります（エビちゃんがイメージできない方は、香里奈でも誰でもＯＫです。要は〝芦澤先生には不釣合いな美人モデル〟ということです）。「キレイですね」「スタイルがいいですね」という言葉を聴きなれているエビちゃんには、芦澤先生がジャニ系の美男（イケメン）ならば、このような言葉も多少効果があるかもしれませんが、所詮、芦澤先生レベルではお見合いの席でこのようなことを言ってもインパクトはありません。「キレイですね」「スタイルがいいですね」は入試の面接で言えば、「貴校の質実剛健という校風に惹かれ」とか「明るい校風に惹かれ」などという言葉になるでしょう。ここで芦澤先生は考えます。〝表面的な容姿を褒めるのでは一発逆転は狙えない。だったら……〟「会席にいらっしゃったときに、先に到着していた私の靴をさりげなく揃えてくださいましたね。その指先のしぐさに惹かれました！」まぁ、これでもエビちゃんは芦澤先生には振り向いてはくれないでしょうが、「キレイですね」「スタイルがいいですね」よりは印象に残るでしょう。これを入試の面接で例えると、「学校見学に来る道すがら、道に迷った私を優しいお姉さんが学校へ連れてきてくれました。笑顔がとても素敵でした。お姉さんは颯爽と貴校の校舎に入っていきました。

『入試頑張ってね！』という一言を残して……」自校の生徒の内面を褒められて悪い気がする面接の先生はいませんね。

3 入試での面接・自己PRは「自分探し」の格好のチャンス

こんなことを書いてばかりいると、芦澤先生は小技師、のようです。名誉挽回のため他の例を。農業高校を志望する塾生が体験学習に行きました。その高校で作ったイチゴを使ってジャム作りをしたそうです。その塾生は私との面接で、収穫したイチゴを洗い煮詰めて砂糖を加えトロトロ煮込む様子、一口食べたらあまりに美味しくて学校の友人やおうちの方に分けて皆で食べたところ、ホッペが落ちてしまった、という話を熱心に語ってくれました。たどたどしいしゃべり方ですが、実に美味しそうに話すのです。では将来は何になりたいか？　なぜ農業高校なのか？　理由はなし。偏差値から考えて農業かな、と思ったから。別に工業でもいい、第二志望は私立の工業高校。これじゃあ、まずい（ジャムは美味いとしても）。私は塾生と幼い頃のこと、家の仕事、過去に記憶に残っている体験、など様々なことについて語り合いました。結果、彼が中学の職業体験でコックさんの手伝いをして、お客さんの美味しい顔を見ることに非常に喜びを感じていたことを知りました。この話を通じて、彼が（漠然と）将来コックさんになりたい、と思っていることがわかりました（自分でも気づかなかったそうです）。そして彼はこの夢を踏まえて中学での三者面談に望みました。しかし、中学の先生からのメッセージは、「コックになりたいなら農業高校じゃないだろう。成績も悪いんだから調理師の専門学校に行け」とのことでした。でも高校に進学したい、なぜか中学の先生にダメだしを受けたら余計に農業高校に行きたくなった、でも農業高校には確かに調理師コースはない、学院長、どうしたらいい？　泣きそうな表情で尋ねる彼に、「職業科とはいえ、高校じゃん。食物に関する基礎的な学習をしたい、って動機でいいんじゃないの？」と私は答えました。「トレーサビリティ（食品が『いつ・どこで・だれが・どのように』生産し、流通したのかを追跡・遡及するしくみ）が重視される昨今、素材の安全や美味しさを追及した料理をするためには、野菜の種を蒔くところから学ぶことには非常に意味があると思うよ。また最近の農学ではバイオテクノロジーの学習は欠かせない。遺伝子組み換え食品についても料理人にとって不可欠な知識だと思うよ」彼は、私が口にしたキーワードを熱心にメモして帰り、自分でインターネットで調べました。結果は……、農業高校に無事合格。そして農業高校を卒業後、現在、調理師の道を歩むべく日々、厨房で努力しています。

他にも、中学校では「高校など行けるわけないだろう」と三者面談で母子ともに叱られた（？）女子塾生が、翼学院での面接の授業を通じて、お花が大好きで将来花屋になりたい、と気づき、自分でお花を活けてみたところ（素人の私が見ても）ほとばしる才能を感じさせる美的センスであり、これをパーソナルプレゼンテーションでアピールして、見事、都立高校エンカレッジスクールの合格を勝ち取ったこともあります。翼学院では枚挙に暇がないほどこのような事例がたくさんあります。

4 それまでの人生を貫く考え方・感じ方が将来にどのように繋がるか

ところでエンカレッジスクールとは何でしょうか？　東京都立高校の中には、学力テストを課さないエンカレッジスクール（可能性を持ちながらも発揮してこれなかった子を励ますという意味で〝エンカレッジ〟だそうです）、不登校経験者や高校中退者の過去を問うことなく、現在の意欲に基づき選抜をするチャレンジスクールという高校があります。チャレンジスクールでは内申書を求めません。私はこれらの学校制度を創立した東京都に心から敬意を表して、子供たちや保護者とともにお礼を述べたいと思っています。

翼学院の地域での位置づけからすれば当然のことですが、**塾生のなかにはチャレンジスクールやエンカレッジスクールを受験するお子さんが非常にたくさんいます**。これらの学校を受験するお子さんに関しては、全員、私が指導を担当します。なぜならば、**共に遠大な自分探しの旅をしなければならない**からです。〝しなければならない〟なんて書きましたが、本音を言うと私はこの指導が通常の学習指導よりも大好きなのです。

私の面接、作文、パーソナルプレゼンテーション（以下、ＰＰと記述）は、生まれてから現在までの個人史を作成するところから始めます。まず、長い矢印を書いてその中に、小学生、中学生と時期を位置づけます。そして、そのなかで家族構成、家族との関係性、記憶に残った出来事、中学生活などを確認していきます。この個人史作成は、中３生ならば中学で終わりにはせず、高校、その先の将来へと続いていきます。まだ起きていない未来の自分史を、不可能だ、とか、あり得ない、という限界は設けずに描いてみるのです。自分史づくりのなかで過去を振り返ってみると、必ず〝今の自分を作った〟と言える出来事や人間関係が存在します。そのことを自分の未来にどのように活かしていくか、近未来は高校生活、さらに先の未来は職業、この作業を行うことで、見えていなかった自分の将来の夢が見えてきます。過去のどんな出来事、考え方が将来の夢へと繋がっているのか、これを示すことが面接や「将来の夢」などの作文では一番大切なのです。

ＰＰも同じです。高校が提示するＰＰの例として、「手話、手品、ダンス」などがあります。毎年多くのツバサ生が手話を使ったプレゼンテーションをやりたがります。手話＝福祉＝よいこと、というイメージがあるので、手品やダンスよりも高尚なこと、試験に受かりやすいことに思えるのでしょう。しかし、入試間際になって一生懸命手話を練習して、それで高校の面接担当の先生に何をアピールすることができるでしょうか。過去のツバサ生で、（偉そうな書き方ですが）私から手話でＰＰを行うことについてＯＫをもらったのは1名だけ、将来、福祉の仕事に就きたいという明確なビジョンを持っていた子だけです。それでも「福祉の仕事をしたい、だから手話を練習しました」という説明だけではよしとせず、実際に何度か手話サークルに行ってもらいボランティアをして、聴覚障がいがある方と手話を使ってきてもらいました。そのうえで、「手話で話すことの難しさ」や「喜び」を語ることができるようにして、手話サークルからの推薦状（応援状）を携えてＰＰに臨んでもらいました。もちろん結果は合格、その子は現在、高校を卒業して福祉の専門学校に進学しています。

つまり**面接や自分に関する作文、ＰＰは、それまでの人生と将来が一貫した視点で繋がることが大切**です。例えば、中学でサッカー部に入っていたら高校でもサッカーをやらなければならないの？　一度決めたなりたい職業はずっと同じでなければならないの？　そういうことではありません。あくまでも、**過去の経験や感じたことが将来に活きる、という意味での一貫性**です。

就職・転職試験の例で説明しましょう。就職・転職試験では自分のキャリアが一貫していることが最も大切だと言われています。例えば自動車販売の営業の仕事についていたが、苦しくなったから人と接することが少ない調理師になりたい、このような動機で試験を受ける人を採用とするレストランはあまりないでしょう。とは言うもののキャリアの変更をしてはいけない、ということではありません。営業の仕事をしてお客さんの喜ぶ顔を見ることがやりがいだった、でもできている製品を販売するだけでは物足りなさを感じてきた、そんなとき休日に娘（息子でもじいちゃんばあちゃん、奥さんでも可）に夕食を作ってあげたところ、美味しいと喜ぶ笑顔に無上の喜びを覚えた。思い起こしてみれば大学祭で作ったお好み焼き（たこ焼きでも可）を食べるお客さんの笑顔が忘れられず、私は営業職を志したんだ、私の原体験の料理の道で多くの人を喜ばせたい、そう考えるといてもたっててもいられなくなり今日、面接を受けるまで数限りないレストランを巡って味について考えてきました。これなら先にあげた動機よりも採用確率はあがることと思います。大切なのは、やってきたことの一貫性ではありません。ここで言えば、「人の喜ぶ顔がみたい」。このような一貫性で人生が貫かれていることです。

5 「不登校を反省する」作文からの脱皮

このように言うと、「自分は誇れることなんかない」「そんな体験なんか思い浮かばない」というお子さんもいます。特に不登校、成績が悪い、非行歴がある、などのお子さんには「過去の自分は悪いんだ、だから高校に入ったら人生を変える」という作文や面接での発言をする子が少なくありません。**私は、過去の自分を全否定してはその先の人生は暗い**、と考えています。どんなに後悔する経験でも、その後悔があるからこそ将来に活かすことができるのだ、と考えます。

Cさん（15歳女子）は不登校で中3になってから1日も学校に行ったことはありませんでした。それでも翼学院には休まず通ってきてくれ、特に国語が大変得意でした。学校の出席日数が著しく少ないことから、内申書の提出不要のチャレンジスクールを受験することとなり、3年生の12月になって私の作文・面接対策授業を受講し始めました。小説や詩などを創作すると大人顔負けの才能を発揮するCさんなのに、「中学校生活と高校への抱負」などの作文を書くと、てんで迫力がありません。作文の内容は「私は中学の頃、学校にまったく行かない悪い子でした。高校に入ったら毎日学校に通って、勉強に部活に頑張ります」。その上、面接の練習となると、急に伏目がちになり、小声で「すみません」を連呼するのでした。

この状態が入試直前1週間まで続き、このままではCさんの個性は発揮されず、およそ5倍近い入試には不合格になってしまう、と考えた私は、保護者の方に許可を頂いて一か八かの賭けに出ました。面接のリハーサルで、「なぜ学校に行かなかったの？」とダイレクトに尋ねたのです。「私が友人と上手に関わることができなかったからです」と答えるCさん。「じゃあ、高校に行っても同じじゃん。周りの子がいくらCさんと仲良くしようとしてもCさんは拒絶しちゃうんだろ？　高校に行ってもまた学校に行けなくなっちゃうんじゃないの？」というように、不登校の生徒を取扱う（あえてこのように表現しました）大人向けのマニュアルでは、およそ、してはいけない、という聖域に私は踏み込んでいきました。

むやみに聖域に踏み込んではならない、基本的には問題行動がある、といわれる子をその点について追い詰めるようなことはしてはならないのが原則です。しかし、私とCさんとのこれまでの関係性があったこと、またCさんはここで壁をひとつ乗り越えないと次のステージに進むことが出来ないと考えたこと、から細心の注意を払いつつタブーに切り込みました。はじめは面食らっていたCさんですが、次に私に対して怒り、その怒りが段々自分を苛めた学友に向き、何もしてくれなかった学校の教師に向いていきました。普段は能面のように無表情だったCさんが初めてみせる憤りの表情でした。一通りの話を終えると、Cさんは大粒の涙を流し、「学校に行けず悔しかった」という言葉を漏らしました。対人関係では距離感が大切であること、踏み込んでしまったら謝ればいい、遠くなったら半歩近づけばいい、という趣旨の話をしました。

残り1週間にして、Cさんの作文はみるみる変わっていきました。**自分だけが悪く、高校に行ったらすべてを変える、という内容から、難しい点もあるかもしれないが、周囲に助力を求めつつできることからしていきたい、という内容へ変化**し、面接の対応も明るく、喜怒哀楽をはっきりと表すことができるようになりました。高校に合格したCさんは無遅刻無欠席ではありませんが、元気に通学しています。周囲との関係性も変わってきたようです。

6　課題型作文の書き方

作文には2種類のパターンがあります。ひとつは課題文が与えられてそれについて自身で考えることを書く「課題型作文」。代表的なものは公立高校の国語の問題の中で課される200字作文です。例えば都立高校では、説明文を読んだ上で「自らの体験を踏まえた上で、考えを述べよ」という200字作文が課されます。課題型作文のパターンは①本文の内容を理解していることを示すこと（要約）②要約した内容に関する体験を書く③自身の考えを書く、この3点となります。作文は書き出しで躓《つまず》く子が非常に多い。「何と書き出したら良いのだろう？」と悩んでしまい時間が経ってしまうわけです。

そこで翼学院では作文の書き方についての**パターンを提示し、これにあてはめるだけで文章を作ることができるよう指導**しています。そのパターンとは①「**本文（この文章）では～と述べている。**」②「**この点について、私は～という体験をした。**」③「**だから私は、～と考える。**」です。

それぞれの部分に関するポイントですが、①本文の要約を間違えてしまうと論点がずれていってしまいます。**要約するためには文章の最後と最初**を読むのです。起承転結、序、本、結論という構成を考えると要旨は最後の段落にあることが多く、最初の段落では問題提起がされていることが多いからです。②出題された文章に即した経験を持っていなくても、**本文の例を参考に自身の経験を想起します**。③**結論については、基本的に本文の要旨への賛否となります**。ただ「だから私は〜に賛成（反対）である」とは書かずに、「〜が重要であると考える」など見解を述べる論調で書くことが好ましいです。

小手先の技術のようですが、**課題型作文で問われるのは文章力ではなく、文意の読み取り能力と集約力**です。都立入試国語の200字作文にかけることができる時間は上限10分である、と私は考えています。10分でその場で考えた構成でその場で考えた内容を書くことは大人でも非常に難しいことです。だからツバサ生はこのフォーマットで200字作文に臨んでいます。これが400字、800字となっても同様で、課題型作文はこのフォーマットでほとんど対応することができます。

7　人物評価のための作文の書き方

推薦入試などで課せられる作文は、これに対して「中学生生活を振り返って」「高校生活への抱負」「私の大切なもの」「私の家族」など、主に人物を評価するための作文です。どんなに名文を書いても「体育祭のあとのビールが美味かった！」とか「登下校時の喫煙タイムが忘れられない思い出です」などと書けば、間違いなく不合格でしょう。

では「熱心に仕事をして私たちを養ってくれる父、家事をしながら常に私たちを優しく見つめてくれている母、勉強する私の隣りで読書する弟。弟とはいつも仲良しです。こんな弟を私はとても大切に思っています」というような優等生の作文ならＯＫでしょうか？

私ならば「嘘コケ！」と読み飛ばします。今、これを読んでいるあなたならば、どのような人を友人（恋人、自分の子ども）としたいですか？　道は直角に曲がり、ゴミを捨てると「拾いなさい」とたしなめる石部金吉タイプ？「人という字は人と人が支えあって」と理屈をこねる金○先生タイプ？　どちらも面倒くさくて付き合いづらいですね。適度に失敗もする喜怒哀楽がある人物、付き合いやすい友人とはそういう人物ではないでしょうか？「夏休み、宿題をやっていると弟が隣りでＴＶをみて騒ぐので頭をポカリ、と叩きました。弟がギャアギャア泣き叫んだため、母に叱られて私は家を飛び出しました」。このあとどうなるんだろう、読む側も楽しみです。「その弟が夏休みの終わりに高熱を出して寝込んでしまいました。両親は法事で留守にしていて、私はどうしてよいか困ってしまいました。苦しそうにうなっている弟の姿を見て、『TVをみて騒いでも怒らない。お願いだから良くなって』と祈りました」。どうですか？　先の優等生の作文よりも活き活きした感じが伝わり、書いている子の人物像が伝わりやすいですね。

人物評価のための作文のポイントは①優等生の作文にしない　②喜怒哀楽を持った人間であることが伝わる内容とする　③自分の個性を隠し立てせず、しかしそれを前向きに表現することです。人物評価の作文を課す高校は併せて面接も行う学校が大半です。作文では活発なスポーツ少年、と描いていながら、面接で会ってみたら思い切りアキバ系、というのでは説得力がありません。それならば、自室のなかでパソコンに向かう時間が長い根気強い性格をアピールするなど、自身の個性を偽らず、それをポジティブ（積極的）に表現できるように準備しておきましょう。その準備のため、自身の生活や長所、短所を振り返ることは自分を見つめ直す良い機会となります。

ツバサ生は私の作文・面接・PP対策授業で今まで気づかなかった自分に気づき、それを活かした道に羽ばたいていくことも決して少なくはないのです。

8 内申書がヤバイ君たちへ（問題児というレッテルを貼られた君たちへ）

この箇所はお子さんに向けて話をしていきます。

君たちが問題児というレッテルを貼られたことには必ず君たちなりの理由があるはずです。本心から「俺（私）だけが悪いんだよ」なんて思ってはいないはずです。どこに不満があるんだろう、誰が一番キライなんだろう、どうしてそいつがキライなんだろう、一番イヤなことは何だろう、これらを自分の心に尋ねてみてください。そして〝本当に自分がやりたいこと〟をじっくり考えてみてください。そして**嫌なこと、やりたいこと、両方を見比べたうえで、どう折り合いをつけるか、について自分の心に聞いてみてください。**

「高校に行きたいならば死ぬ気で勉強する」必要なんてありません。ただ自分の入りたい学校と今の成績の離れ方から判断して「死ぬ気でやらねば合格できない」ならば、「死ぬ気」でやるか、ランクを下げるか、選ぶのは自分です。その前に「なぜその高校に入りたいか」を考えてみてください。「なんとなく」程度の動機ならば「死ぬ気」になれるはずがありません。なのに「死ぬ気でやらないと○○高校に入れないぞ！」と周囲が言うのならば、○○高校でなくてよいことをきちんと説明してあげてください。

ただ「**じゃあどうするんだ？**」**という問いに対してはきちんと答えられるようにすべき**です。誰のためか、**それは自分のため**です。〝自分で決める〟ためには練習が必要です。20歳を超えても、もっと言えばおじいさん、おばあさんになっても、自分で決めることが出来ない人がたくさんいます。自分で決めることが出来ない人は、自分の人生を歩むことはできません。生きることとは「決めて進んで、また決めて進む」の繰り返しです。自分らしい生き方をするため、自分で決める練習の大きな第一弾が高校受験です。〝**自分で決めて、自分の力をそこに集約して、結果が出るか出ないか、を確認する**〟**これが受験で一番大切なこと**だと私は考えます。

思ったよりも力を発揮することができた経験は、その後の人生での自信に繋がります。だから、がむしゃらに自分の偏差値よりもうんと高い学校を狙ってみるのもよい。また他の人があまり選ばない学校を選んで、そこでやりたいことをやり力を発揮するのもよい。世の中には人が目をつけないビジネスで大成功する人もいます。皆が一斉に行う競争から外れてわが道で成功するのも素晴らしい選択です。今は「自分」について何もわからなければ、受験生という境遇ですべきことをとりあえずやっておくのもよい、**〝とりあえず〟やるのも大切な選択のひとつ**です。〝とりあえず〟でも動いていれば出会いがあり道が見えてきます。もしかすると、国語の入試問題で出題された文章から「自分」について悟るかもしれない。**〝とりあえず〟翼学院に来て、自分の道を見つけた子がたくさんいます。**

そのなかで一番やっかいなのが周囲の評価です。「ダメだ、ダメだ」と繰り返し言われるとダメになってしまうことをわかっていながら、「ダメだ、ダメだ」と言う学校の先生やお家の方がたくさんいます。

肝心なのは、**〝周囲の評価に自分を合わせてしまわないこと〟**です。**自分の評価は自分で決めるのです。**問題児、というのは大人の側からみたレッテルです。大人のものさしに合わないと〝不良（品）〟とされてしまうわけですが、学校外や家庭外の人からは、違う評価を受けることが必ずあるはずです。学校の教員、場合によっては保護者の方、特定の大人が貼り付けたラベルに自分を合わせてしまっては損です。「素行不良、学業不振、だから高校へは進学できない」というのは学校の命令に従わない子をコントロールするための学校関係者の都合の良い考えです。「素行不良、学業不振、だと思っていたら思ってもみない高校に合格しやがった！」。このようにギャフンと言わせてやったらどんなに痛快なことでしょう。レッテルを破ってラベルを貼った周囲に見せ付けてあげましょう。これは仕返しではありません。そうすることでラベルを貼った人たちは気づき成長することができるのです。次に担任となったクラスの中に、君たちのような個性を持った子がいたとする、「どうせ、こいつはダメだ」と考えた瞬間、レッテルを破ってわが道を進んでいった君の顔が浮かぶはずです。そうしたら「いや、待てよ、あいつの例もあったし……」と考え直して、その子に対してもう少し親身になって接してくれるかもしれません。「キライな担任の成長などどうでもいい」と言わないでください。**君がレッテルを破ることは、同じ苦しみを持つ多くの子を救うことができるのです。そしてなにより、君自身を救うことができるのです。**

学校の教師、近所の大人、お巡りさん、世間で偉い人と言われる人、などなど、私はたくさんの人と関わる中でたくさんのくやしい思いをしてきました。その中で心に決めたことは「世の中からハズレ者とされた人、子どもの味方になろう！」ということでした。ハズレ者と言っても徒党を組んで「自分たちは世の中のハズレ者だ」と息まいている人たちはここには含まれません。また苦しんでいる人の味方の振りをして近づいてきて、その人たちを食い物にする連中は言語道断です。

〝**一人で、やり場のない怒り、やり場のない悲しみを抱え、それでも踏ん張っている人**〟、

私はこういう人たちとともにありたい、と思っています。〝**踏ん張っている**〟ってどういうこと？ 何かに努力していること？ 違います。〝生きていること〟です。いろいろなことがある大変な世の中で**生きている、それだけで十分に〝踏ん張っている〟**と言えます。**自分らしく生きるため、それも一瞬ではなく、生涯に渡って自分を貫くため、是非、パワーを身につけてください。勉強や受験はそのパワーを身につけるためのトレーニングです。**

第5章 〝芦澤式〟面接・小論文突破法のまとめ

「芦澤式」面接法

「典型的優等生を演じさせる」中学校の面接指導は気にするな！

★面接は減点方式ではない。積極的に自分を伝えよう

★面接はお見合い、自己PRカードは釣書《つりがき》（お見合いのプロフィール）だ！

★お見合い式対策その１▽自分の個性をしっかり伝えて、「あなた（高校）と良い関係が築ける」ということをアピールすべき

★お見合い式対策その２▽「あなた（高校）のこんなところが素敵だと思う」と具体的なラブコールを送るべき

★高校が求めるのは、校風を理解して高校の中で自分を伸ばせる子

「芦澤式」面接・作文・プレゼンの心構え

★入試での面接・自己PRは「自分探し」の格好のチャンス

★それまでの人生を貫く考え方・感じ方が将来にどのように繋がるかを考える

★面接や自分に関する作文、ＰＰではそれまでの人生と将来が一貫した視点で繋がることが大切

★過去の自分を全否定してはその先の人生は暗い

「芦澤式」作文法

★作文を反省文や優等生の決意表明にしてはいけない

★課題作文の書き方

①「本文（この文章）では～（本文要旨）～と述べている」

②「この点について、私は～（本文例を参考に）という体験をした」

③「だから私は、～（要旨に対する考え）と考える」の三段論法で

★課題型作文で問われるのは文章力ではなく、文意の読み取り能力と集約力

★人物評価のための作文の書き方

①優等生の作文にしないこと

②喜怒哀楽を持った人間であることが伝わる内容とすること

③自分の個性を隠し立てせず、しかしそれを前向きに表現すること

内申書がヤバイ君たちへ（問題児というレッテルを貼られた君たちへ）

★嫌なこと、やりたいこと、両方を見比べたうえで、どう折り合いをつけるか、について自分の心に聞いてみる

★「どうするんだ?」という保護者や教師からの問いに対しては、自分のためにきちんと答えられるようにすべき

★〝自分で決めて、自分の力をそこに集約して、結果が出るか出ないか、を確認する〟これが受験で一番大切なこと

★〝とりあえず〟やるのも大切な選択のひとつ

★〝周囲の評価に自分を合わせてしまわないこと〟自分の評価は自分で決める

★レッテルを破ることとは、同じ苦しみを持つ多くの子を救うことができ、なにより、君自身を救うことができる

★〝一人で、やり場のない怒り、やり場のない悲しみを抱え、それでも踏ん張っている人〟、私はこういう人たちとともにありたい、

★生きている、それだけで十分に〝踏ん張っている〟と言える

★勉強や受験は生涯に亘《わた》って自分を貫くためのパワーを身につけるためのトレーニング

第6章

〝芦澤式〟子育て道

声の掛け方から塾選びまで

1 家庭での支援のあり方の重要性

合格率100%を誇る翼学院ですが、残念ながら退塾者がゼロなわけでも、退塾者も含めて合格率が100%なわけでもありません。家庭でのお子さんの支援の重要性とそのあり方について、ここで忘れることができない退塾者の例を挙げたいと思います。

Dさん（小6女子）は小6の4月にお母さんとともに当塾にやってきました。それまで大手中学受験塾に通塾していたが成績がまったく伸びず、塾内の友人との関係もうまくいかないため、翼学院に移籍したい、とのことでした。

翼学院は学習が苦手なお子さんを支援するための塾ですから基本的に入塾テストは行いません。その代わりに、**入塾面談時には問題を傍らに**「この問題はどんなことを聞いていると思う？」「どうやって解いたらいいと思う？」こんな**質問をしながらお子さんの習熟度、理解力、そして何よりもコミュニケーションを図る上で支援者が認識しておかねばならない特性を探ります**。その結果、成績には表れていない〝強み〟を発見して、「○○さんは1年間、みっちり頑張れば（絶対無理だけど行ってみたいと言っている）△△校に合格できますよ」と断言してしまうことがあります。「黙って座ればピタリと当たる」まるで占い師のような発言に、目を白黒する保護者の方、笑いながら「無理ですよ」と答える保護者の方が大半です。しかし**隣に座っているお子さんは、一緒に問題を考え、できた、わかった、という高揚感も後押しして、「私も頑張れる！」と断言するケースがたくさんあります。そういうお子さんはほとんど、私が言ったとおりの目標達成を実現してくれます。**

Dさんもまさにこのケースのはずでした。それまで多額な学費を払ってきたうえに、「もっと成績をあげるためこの講座も必要です」と追加履修を強制されてきた大手中学受験塾から、小6に進級した途端責任逃れをするかのように「志望校合格は無理」というダメ出しを受けて退塾を余儀なくされ、母子ともに肩を落として翼学院の門を叩いたDさんでしたが、理解力、論理的思考力（この点は非常に重要です）が非常に高く、1年間みっちりともに学習をすれば模試で10％未満とされている大学付属中学に合格できる、と私は確信しました（ここまで読んで下さった方には、この確信が、また翼学院の「偏差値20アップ」が、偽りでないことが理解いただけることと思います）。Dさんはさっそく翌日から毎日塾に通い始めました。**それまでの中学受験塾とは異なる対話中心で自分が主人公の学習に、また成績順位を発表して危機感や劣等感を煽り立てるやり方ではなく、個々の塾生の特徴を捉えてその点を刺激して伸ばす指導法**に、Dさんの潜在力はみるみる開花し、わずか3ヶ月弱の学習で、塾外テストの成績が入塾前わずか10％であった志望大学付属中学の合格確率が60％にまで至りました。

入塾当初からDさんは「うちのお父さんは○○という車（高級車）に乗っているんだよ」とか「会社を経営していて、△△というカード（年会費の高いクレジットカード）を持っているんだよ」など、家庭を自慢したがりました。その内容が家計が裕福であることに偏っている点は気になってはいたのですが、家庭を誇りに思うことは悪いことではないので、ほかの塾生がいやな気分にならないよう調整しながら、Dさんの気持ちを受け止めてきました。ご家庭も成績を上げることに懸命だったため、塾からの伝達事項（宿題や家庭学習の方法など）についてよく理解してくださり、実践してくださっていました。

2 お子さんとご家庭の危険信号とは

ところが志望校の合格確率60％が出た以降、保護者の方は猛烈な勢いで受験案内を調べ、Dさんを連れて毎週末に学校見学を行い「この学校はどうでしょう？　うちの子の実力で至りますか？」と頻繁に志望校変更を申し出るようになりました。このころから、Dさんの発言には「お父さんが会社の跡を継げといっている」「○○中に見学に行った理由は付属の大学にお父さんの仕事を継ぐのに良い学部があるからだ。お父さんは自分の考えを押し付けて嫌だ」という家庭への不満が混じるようになってきました。そして、**自分の将来の夢も、弁護士、医者など、一般的にステータスと収入が高い、と言われる仕事の範囲で日々変遷していきました。私は直感的に「保護者の引いたレールに反発していて、そこから逃れるため保護者が納得するような将来像を描いてみせているのだな」と感じました**が、様子をみることにしました。

模試の結果が出てから1週間ぐらい経った頃から、自習のチューターを担当する講師から「Dさんがほかの子をシャーペンで突付いた」とか「叩いた」という報告を受けるようになりました。当塾の養護教諭（翼学院にはお子さんやご家庭のメンタルケアのため、養護教諭が常駐しています。看護師、保健師、養護教諭の有資格者で、健康政策や保健医療福祉に関する行政指導などのキャリアを持つ私の最愛の妻でもあります。現在、大学院で障がい者や保護者支援の研究もしています）。が、Dさんが深ヅメ状態にまで爪をかじってしまっていたり、シャーペンの先で自身の手首をつつくなどの**自傷行為を繰り返していることに気づき、尋ねてみたところ、「死にたい」などと言っていることを知り、**私に報告してくれました。

もはや待ったなし、です。私はDさんにさりげなく声をかけたうえで、悩みを打ち明けてもらえるよう話す機会を設けました。Dさんは私に「**お父さんの圧迫が非常に苦しい。受験校、将来のこと、ありとあらゆることをお父さんが決めてしまい、従わないと朝まで延々と責められる**」と打ち明けました。お母さん、おじいさんなど他の家族はどのように対応しているのか尋ねると、「**お父さんが怖いから家族全員が従っている**」とのことでした。そして話の最後には、「私が苦しんでいること、少し緩めてほしいことをお母さんに伝えてほしい」とDさんはすがるように私に頼むのでした。

3 対人支援をするということ

これは非常に難しいことです。一般の進学学習塾ではご家庭の事情には立ち入らないことがほとんどです。**ただご家庭が安定しないことには、特に低学年のお子さんが安心して勉強に専念することはできません。**私は心理学や家族関係調整のためのケースワークの専門トレーニングを大学や専門機関で受けましたが、心理の専門家ぶって自らご家庭に介入するつもりは毛頭ありません。ただ過去には、窃盗や喧嘩で逮捕されてしまった卒塾生の保護者の依頼に基づく家族関係の調整や、不登校のお子さんのメンタルケアに取り組んだことはあります。この場合でも当塾の養護教諭はもちろんのこと、時には医師や弁護士、福祉関係者など専門職と連携を図り助言を受けて、**あくまでも「日常、よく接する大人のひとり」として関わるよう自重しています。そしてご家庭との調整にかかわるときのスタンスは、「お子さんのため、保護者の方の立場も理解しながら、自身が嫌われ役になることもいとわぬ覚悟をもって」を貫いています。**

保護者の方が塾代のスポンサーだから、といって保護者の要望ばかりに従う学習塾が多い中で、将来、真にお子さんのためになることならば伝える、また逆にお子さんのためにならないことについてはその旨をしっかりと伝える、もちろん表現やコミュニケーションのあり方については、慎重に行いますが、お子さんの未来のため、というスタンスを貫いています。**幸いなことにほとんどのケースが「塾に相談してよかった」という結論に至っています。**

これは、**ご家庭とお子さん本人、そして塾が、「お子さんのため」という旗印のもと一致団結した結果なのです**（余計なことながら、学校の先生もこのぐらい真剣に向き合ってくれれば、という声を多く頂戴します）。

しかしDさんの例のように非常に残念ながらうまくいかなかったケースも存在します。これこそが私たちの反省材料としても必要なことで、読者の皆さんにとっても重要なことなのです。とは言うものの第三者は「反省」でよいかもしれません。しかし当事者であるお子さんにとっては取り返しのつかないことに至るケースも皆無ではありません。**だから介入者（教員、心理・福祉専門職、塾講師など）はおごり高ぶらず慎重のうえにも慎重を重ねて、またご家庭は「お子さんのために何が一番重要か」**を考えてほしいのです。

4 子どものSOS対応を誤ると……

話をDさんに戻します。Dさんからの「お母さんと話してほしい」という要望に応えて、「お伝えしたいことがある」と具体的な話はしないでお母さんとの面談日時を決めました。ご家庭の事情をうかがった上でDさんの言うとおりならば、お母さんに少しでも緩衝材の役割を果たしてもらえたら、と考えていました。

面談当日、Dさんのお母さんは怒っている表情のお父さんを伴ってやってきました。お父さんが来る、という話を聞いていなかったこともさることながら、お母さんが確信をもってお父さんを連れてきたことに、私は若干の戸惑いを覚えました。お父さんは開口一番、「どうせ娘は俺の悪口を言っているんだろう！」と私をにらみつけながら言いました。

養護教諭とともに簡単に塾での様子を説明した上で、Dさんが言っていることを慎重にご両親に伝えました。「塾の先生を利用しやがって」と憤るお父さんに、私は、思春期の難しさを伝え、お父さんを一方的な加害者とは考えていないし、もちろんDさんもそのように思っていない、と伝えました。

さらには入塾以来、Dさんはずっとお父さんを自慢に思っていると言っていたことを伝えるに至って、お父さんの表情は緩み、「私はね、自分の考えを押し付けるつもりはなく、娘の幸せを一番に願っているんですよ」と話してくれました。「娘さんには面談の具体的な内容については触れず、様子を見守ってあげてください」とお願いし、ご両親とも「お約束します」とおっしゃってくださいました。そのうえで、志望校選びで右往左往することなく娘の希望する当初の志望校を貫く、とも言ってくださいました。お父さんは「本当は偏差値の高い志望校に変更したほうが、履修科目も増えて先生のところも儲かるんじゃないの？」と（自営業をなさっている方らしく）いたずらっぽく言われましたが、私は「D

さんが志望する学校に入学するお手伝いをすることが第一です」とお答えしました。さらにはお帰りになるときには玄関先でご両親ともに深々と頭を下げられ、「娘のことをよろしくお願いします」とおっしゃっていました。

やれやれと思ったのも束の間、翌日、塾に来たDさんが絶望的な暗い表情をして、「お父さんに『塾の先生に余計なことを言いやがって！』と長い時間責められた」と言ってきました。残念ながら最後まで、面談の後に何があったのか私は知ることはできませんでした。ご家庭に尋ねても、「Dは、塾の先生をうまく使おうとして失敗したから暗くなっているんですよ。心配要りません」という返答でした。「どうして娘さんに面談の内容を話してしまったのですか？」とお尋ねしたところ、「あいつの根性が気に入らない」という答えが返ってくるだけでした。

その後、しばらく通塾してDさんは「家庭教師に変える」という理由で退塾してしまいました。それまでの間、養護教諭や信頼してくれている講師などを通じてDさんとの対話を試みましたが、Dさんの心は閉ざされたままでした。

退塾後も講師の間では「Dさんはどうしているんだろう」という話題が続きました。気になって仕方がないため（窓口となっていた）養護教諭が様子を伺うため電話したところ、

Dさんのお母さんは「本人は翼学院での思い出が大変糧になっているようです。翼学院は自分の居場所だったと言っていました」とおっしゃっていたそうです。後日、同じ学校の中学受験生に聞いたところ、Dさんはどんどん模試の成績が低下し、中学受験は断念したそうです。塾で支えてあげることができていれば、とつくづく悔やまれますが、残念ながら私塾でできることはここまでが限界です。

5 確実にお子さんの未来を明るいものとする関わり方 〜父親・男性の保護者編〜

ここで保護者の方の教育における役割についてお話しましょう。私の父は町の製本屋で口より先に手が出るタイプでした。当時の製本屋は、刷り本(印刷が終わって製本工程に入る前のレジャーシートぐらいの大きな紙)を束にして握り、折り機(製本の機械)に設置するため握力が非常に強く、父は親指と人差し指だけでクルミの殻を割ることができるほどでした。また折りあがった本のページの束を紐で束ねたものを運んだりしているため体力が半端ではなく、おまけに講道館で鍛え上げた柔道の有段者でした。その鍛え上げた肉体で就学前から何かあるたびに張り倒されていたので、私にとって父は恐怖の存在以外の何者でもありませんでした。

父の拳は躾以外の理不尽なことでも飛んできました。例えば私が中3の修学旅行のときです。「京都に知り合いの人がいるから会って来い」とのこと。「団体行動だからそんな勝手なことはできない」と恐る恐る父に答えると、「その人は俺の恩人でいわばお前の恩人でもあるんだ！　どうして会って来いという俺の気持ちを汲み取れないんだ！」とメチャクチャに殴られました。

こんなことが日常茶飯事の父でしたが、一貫して教育に関しては〝わかるまで徹底的に話す〟という姿勢を貫いていました。戦中に生まれ戦後に育った世代の中では、「自分が高等教育をうけることができなかったから、せめてわが子に」という方が多かったように記憶しています。父もまさにそのタイプで、酔うと「俺は都立名門高校に合格したのに、長男は家業を継ぐから学歴はいらない、って言われて進学させてもらえなかった」と話すのでした。

子どもの将来の夢は成長するにつれて変わってくるものです。これは視野が広がったことの表れともいえ、保護者は暖かく見守ることが必要です。釣りに行ったとき目に留まった自然に熱中してしまい、見つけたトンボを手に父の元に興奮しながら報告に行った私を「釣りに来ているんだから釣りだけをしろ！」と殴りつけ、それでその日の釣りは打ち切りにしてしまう父でしたが、将来の夢の変化については、一緒に調べてあれやこれや徹夜で夢を語り合うことも少なくはありませんでした。

父と話していると、あらゆる夢が実現するような気分になることができました。反面、進学する高校・大学については、「県立○○高校レベル（当時、私は埼玉県在住でした）の学校しか進学できないならば、高校は行かせない」とか「早慶レベルの大学に入学しなければ大学は進学させない」などと、学歴偏重でかなり横暴なことを言っていました。これらの志望校に関する断言は、私が物心ついたときからずっと聞かされていました。

私は後にも述べるように学歴偏重主義ではないのでお勧めするわけではありませんが、**もしお子さんを早慶以上の大学に進学させたいとお考えの方は物心つく頃から一貫してそれを言い続けること、将来の夢については一緒に調べて気持ちがうんと膨らむように語り合うこと、そして何よりも「やればできる」という気持ちを常に持つように育むことが重要です。**「俺（私）のような学歴の親から高学歴の子は育たない」。こんな保護者の方の声を聞く機会は多いのですが、そんなことはまったくありません。

世の中には「とびが鷹を産む」という事例（何度もお断りしますが、学歴が高い人が鷹だとは私は思っていません）は山のようにあります。**違いがあるとすれば保護者の志の違いです。これを広げて考えると、一流の職人に育てる、おいしい料理を作る料理人にする、どんなことでも保護者とお子さんとでタッグを組んで取り組めば実現可能なのです。**

私が〝ヤンキー〟という次元を超えた半端ではないグレ方をした原因には多分に〝山のように立ちはだかる理不尽な父への反発心〟がありましたが、現在では厳しく躾をしてくれて、大学まで進学させてくれた父に心から感謝しています。父がいなければ、今、翼学院で地域のお子さんのために支援している私はいなかったと断言できます。**この年になって、また自分がやりたいことを仕事とすることができている幸いの中で〝親の恩〟というものをしみじみと感じます。**

6 夢を実現する方法とは

「自分が世界を変えられると本気で信じる人たちこそが、本当に世界を変えている」

まだ iPhone や iPad がブレイクする前のアップル社のＣＭでこのフレーズを目にしたと

き、私は全身に鳥肌がたちました。多くの自己啓発本などでも言われていますが、**限界は自分が作るものです**。ご自身の夢を実現なさった多くの方とお付き合い頂く機会を頂戴して、益々このことを確信しました。２０１１年の大震災の後、私たちの世代や若者が震災の被害に肩を落とし〝自粛、自粛〟と身を潜めていたなかで、第二次世界大戦後の復興を支えてきた経営者の先輩方は地震の翌日から「戦争から復興させてきたんだ、今回の震災も乗り越えられる！」と元気に動き回られていました。そのパワーは感動的でした。

話を教育・子育てに戻します。しかし**残念ながら誰もが「世界を変えられる」と本気で思えるわけではありません**。よく〝三つ子の魂百まで〟と言いますが、**幼い頃からお子さんの無限の可能性を信じて保護者がそれを伝え続けること、人生のなかで小さくても成功体験を積み重ねてくること（だから受験の失敗も怖いんです）、これらの体験が夢の実現には必要**です。**そしてそれをサポートしてあげられるのは、幼い頃からずっとそばにいる大人、すなわち保護者の方**なのです。

もうひとつ重要な点は、**〝動機が純粋なこと（自分本位でないこと）〟**。例えば起業した動機が「自分が大もうけしたいから」という理由だけだとしたら、誰がそんな人に力を貸すでしょう。近年、草食系男子などと言われていますが、ハングリーさは人間も動物であることを考えると不可欠です。暴言かもしれませんが、草食系を〝何もしない言い訳〟にしてはいけないと思います。しかし、自己本位なハングリーさだけではダメです。経営者の先輩方は口を揃えて〝会社は社会の公器〟とおっしゃいます。〝自分だけ儲けるための道具〟という方とは一人も出会ったことがありません。幼い頃からの夢が、〝人を幸せにすること〟に繋がっているとしたら、その志は生涯朽ちることはないでしょう。華やかに成功しているように見える人が、経済犯罪などに手を染めて落ちていってしまう例があります。また「世界を変えられる」と考える方向をヤバイ方面に向けてしまい、他の人を不幸にしてしまう例も見られます。

先に述べた経営者の先輩方は、戦後の復興期から永い永い年月ご自身の会社を守り育ててこられた方たちです。永い永い年月、であることがとても大切です。1円で一人からでも株式会社を作れる現在、会社をつくることは誰にでもできますが、3年、5年……、と続けていくことは至難の業です。何も経営に限ったことではありません。**教育は、永い永いお子さんの人生の土台を築く営み**なのです。

7 確実にお子さんの未来を明るいものとする関わり方 ～母親・女性の保護者編～

大地に根を張るための植林を行うのが父親（男性）の役目だとしたら、日々苗に水を与え育むのが母親（女性）の役割です（男女平等論者の方に怒られそうな記述ですが）。心配なのはわかりますが、接するのが嫌になる母親にはならないでほしいと願っています。これは何も言うな、という意味ではありません。**是非をはっきりさせてブレない、これは保護者の重要な役割**です。

近頃、子どもに媚びる保護者が非常に多くなったように感じられます。電車内や道など公共の場所でも子どもは野放し状態、注意するときには保護者としての責任ではなく「おじちゃんに怒られるからやめようね」などと他者に責任転嫁してしまう。このような父親が増えていることは嘆かわしいことです。私は教育社会学の論文で「父親の母親化」を指摘したことがあります。性差別ではなく性別による役割分担は重要だと考えています。父親は出産することも母乳を出すこともできません。このような天が与えた違いに、男女平等を唱えて目くじらを立てても仕方がないと思います。

話を元に戻しましょう。母親（女性）は口うるさくてもよい、ただ過去のことを引きずる言い方、人格を否定する言い方はやめてほしいと願っています。「何度言わせれば……」「だからあなたは……」「また○○して……」などは禁句です。**保護者が繰り返し人格を否定する発言をすることで、逆に否定された人格がお子さんに刷り込まれてしまいます。**それほどまでに**幼い頃から一番身近な大人である保護者の影響力は大きい**のです。

また**幼児の頃からきちんと理屈を説明して話す**ということをお願いしたいと思います。それにより、お子さんにとって**保護者は理屈で話せる存在であると感じられコミュニケーション不全を防ぐ一助となり、論理的に考える、また論理的に他者に伝える習慣が身につ**くからです。就学後も低学年の子のほうが論理性を求める傾向があります。**お子さんの「なぜ？」「どうして？」が始まったら、時間の許す限り答えてあげてください。**むしろ高学年になると反抗期も影響して理屈っぽくてうるさい、となりがちです。しかし**反抗期でも理屈をきちんと伝える試みは止めてはいけません。**ただ長々とやると「うるさい」と家を出てしまう、部屋に閉じこもってしまうため、**端的に伝えることが重要**です。

この箇所ではずいぶんと偉そうなことを書いてきましたね。なぜこのようなことを断言できるか、一番の理由は〝私が人の子であり、人の親であるから〟です。そしてその経験則を踏まえながら〝数え切れないほどのお子さんと保護者の方と関わってきたから〟さらには〝東京商工会議所やロータリークラブなどの団体の所属して数多くの夢を実現した方々と本音でお付き合い頂く機会を得られているから〟です。今まで出会ったたくさんのお子さん、保護者の方、地域の先輩方、お付き合い頂いている方、社員、そして家族……、たくさんの人に支えられて私があります。若い頃は大人に反発していて一人で生きているつもりでいた私ですが、今は心からそのように思い日々感謝してます。

8 受験で不合格となる意味〜特に中学受験〜

そもそもなぜ学習困難なお子さんが通う翼学院に中学受験コースがあるのでしょう？「中学受験は成績優秀な家計に余裕のある家のお子さんがするもの」これが世間一般のイメージでしょう。しかしツバサ生の中には事情が異なる子が多くいます。**地元の公立中学校に進学したらいじめの対象になってしまう、密な学習指導が受けられず落ちこぼれてしまう、学校の雰囲気になじめず不登校になってしまう、このような事情があるお子さんが、より良質な教育環境を求めて私立中学に進学する、これがツバサ生の中にみられる中学受験の**

動機です。中には「公立中学校に通いながら学習塾に通うのは金銭的にきつい」というご家庭もあります。だから学費免除の特待生を狙う子もいます。これらの事情による受験であることをご理解いただいたうえで〝はじめに〟で書いた合格実績を改めて見返していただいたとき、きっと「よく頑張ったね！」と塾生を褒めてあげたくなって下さることと思います。平成22年度受験では、受ける学校を次々と落ち続け、前日の夜まで担当講師が苦手箇所の指導にあたり、保護者の方とともに塾全体で試験会場に送り出し、**最後の最後の受験で合格したお子さんもいます。現在もそのお子さんは塾に通ってくれていますが、過去からは考えられないほど自信に満ち溢れています。受験を乗り越えるとはこういうこと**なのか、と私たちも改めて感動しています。

　中学受験では一度受験を志したならば、たとえ進学しないとしても一校には必ず合格してもらいたい、と私は考えています。過去、中学生になってから翼学院の門を叩いた塾生で、「模試などの成績も優秀で中学受験をしたが、高望みをしたため受けた学校すべてが不合格になってしまった」というお子さんを何名か見てきました。これらのお子さんは共通して、試験に著しく苦手意識を持っており、こと受験となると中学受験不合格がフラッシュバックしてしまい、恐怖心すら感じてしまう、という心理特性を持っています。**努力した結果**

がすべて不合格では自尊感情は著しく低下します。だからこそ、一度受験に足を踏み入れたら何が何でも合格するしかないのです。

私が“中学”受験と強調する理由は、ほぼ例外なく先に高校受験が待っているから。**受験で失敗したお子さんは、次の受験を目の前にすると著しいプレッシャーが押し寄せてきます。**受験直前期は夜も眠れず、受験会場では自分以外のすべての人が皆優秀に見えて、試験時間開始となると頭が真っ白となってしまう、このような症状が表れてしまうことは決して極端な例ではないのです。

9 真にメンタルケアを行うためには

いきなり失敗例からお話ししたため、翼学院の生活支援に対してマイナスの印象をお持ちになったかもしれませんね。しかし失敗例を列挙できるということは背景に数多くの成功例があるということを意味します。**さまざまな支援団体や機関と関わってきた身としては、手前味噌ながら翼学院ほど生活支援・メンタルケアに成功している場はない、と自負しています。**それはなぜ？　私やスタッフが優秀だから？　否定はしませんが（笑）、**生活支**

援・メンタルケアが奏功する一番の理由は翼学院が学習支援の場だからです。もう少し詳しく説明しましょう。世の中には実に多くのカウンセリングルームや相談窓口があります。それらの場所では、メンタルケア一点に絞り込んで、専門家と称するスタッフが心理検査、カウンセリング、〇〇療法、等あれやこれやと（悪い表現ですが）お子さんをいじくり回します。「何でこんな検査をしなければならないんだ」「療法、って俺（私）は病気なのか？」こんな疑問を感じながら、お子さんは嫌々スタッフに付き合います。

老若男女を問わずメンタルケアを行うにあたって真っ先に行うべきは自尊感情の確立、私はこのように確信しています。**いくらカウンセリングを受けても、療法を施されても、投薬されたとしても、学齢期のお子さんの一番の課題である〝学習に関する苦手感、成績評価が低いことに基づく自尊感情の低下〟は解消されません。**

「うちの子は勉強ができないことなんて気にしていない。むしろそのことが親の悩みの種なんです」。このようにおっしゃる保護者の方はたくさんいらっしゃいますが、勉強がわかり成績が上がってくることでみるみる変わってくるわが子をご覧になって、「やっぱり勉強って大切なんですね」と意見が変わってきます。考えてみれば当然のことです。一日の大半を職場で過ごすお父さんが、「俺は仕事ができないと上司に叱られてばかりいるけれども、うちでビールを飲みながらサッカー観戦（野球でも可）していれば幸せだから仕事のことは一切気にしない」と気持ちを切り替えることは難しいでしょう。ましてそれが生計を立てることに繋がってくるとしたら、「今度の人事でリストラされるかもしれないけど、ドンマイ！」とは到底思えないでしょう。

お子さんも同様です。勉強がわからない↓成績が悪い↓入試に受からない↓高校に進学できない、このような循環で苦しんでいるお子さんに、**いくらカウンセラーが「君には優しい心と素敵な家族がいるじゃない。成績が悪くても、進学できなくてもドンマイ！」と言ったとしても、お子さんの耳にはむなしく響くことでしょう。**

この点、**翼学院には勉強がわかるようになる成績をあげるメソッドがあります。それはスパルタや詰め込みではなく、また成績によってお子さんを差別するような関わり方ではなく、極論すれば初めて授業を受けたその日から、自分が変わっていくことを実感できるメソッドです。**これに**加えて、志と専門性を持った対人支援のプロがメンタルケアを同時並行で行っていく**のです。メンタルの面でも難しさをもったお子さんがみるみる変わることは必然であるとお分かりいただけることでしょう。

10

家庭教師・個別指導講師選びのコツ
～高学歴・経験豊富な講師には注意！

「芦澤さん、あなたはそれだけ言うのだから自信があるのはわかりましたが、翼学院の他のスタッフってどんな人たちなんですか？」このような問いかけにお答えします。まず一般の進学・学習塾のようにスタッフの学歴から。東大4名、千葉大1名、早稲田大2名、立教大1名、早稲田大学大学院1名、埼玉県立大大学院1名、日本大学大学院1名、外語大1名……などなど。

まあ、予備校や進学塾のチラシにありそうないわゆる高学歴のスタッフですね。

特に東大は目を引きます。さてこのスタッフの仕事はというと、大学受験生や偏差値の高い志望校を狙う勉強が得意な高校受験生の指導です。本書執筆現在では学習困難な生徒・児童の支援にはあたっていません。現在研修中であり、志を持って翼学院に来てくれているので、将来は中核の学習困難な生徒・児童の支援に携わってくれることと思ってはいます。

ここで一言付言しておくと、ツバサ生は全員が学習困難児なわけではありません。詰め込みスパルタではない芦澤式メソッドと個性に配慮した支援に共感してくださる保護者の方

のご理解のもと、中高とも上位校を狙うお子さんも多数在籍しています。〝どんどん先に学習を進めてくれる場所、どんな質問にも答えてくれる場所、進学先の大学合格率などの状況や受験事情について教えてくれる場所、また憧れの大学についての体験を語ってくれる場所……〟勉強が好きで得意であるお子さんにとっては、塾はこのような場所であることが好ましいと考えます（もちろん、ちょっと息苦しくなったときに相談したり愚痴ることができることも重要ですが）。このようなお子さんの指導には（一般的にいう）高学歴で勉強が得意な講師が指導することが適していると考えるため、先に述べたような講師ラインナップになっているわけです。

これに対して学習困難児の支援については、「勉強ができない子の気持ちがわからない」「どこがわからないかわからない」では困ります。翼学院のスタッフの名誉のために書いておきますが、当塾にはこのように思っている講師は一人もいません。

しかし、講師希望として採用面接に来る方には、胸を張ってこのように言う方もいます。学校の教員歴30年、元大手予備校の看板講師、元一部上場企業の管理職、と社会で活躍なさってきた方から有名大学出身の卒業後3年未満の若手の方まで、実に多くの方が翼学院の講師募集に応募してくださっています。平成22年度の採用倍率は、実に30倍。かなりの狭き門です。**翼学院の講師採用試験の最終選考は塾生が行います。予め協力をお願いしている塾生が、実際に応募者の授業を受けて、「わかりやすい。嫌な印象を受けない」とOKを出した方だけが最終合格となります。**

学校の教員歴30年、元大手予備校の看板講師の方も残念ながら塾生からダメだしを受けて、終了後の私との面談で、「俺の教え方でわからないあの子が悪い！」と憤っていました。この言葉を聞いて、私は「あぁ、この人を採用しなくて良かったな。やはり塾生の目は確かだな」と確信しました。予備校や塾の講師、学校の先生にはこのような独善的な方が少なくありません。**対人支援職は医療・福祉、教育も含めてすべからくサービス業です（だから私は、〝指導〟という言葉を極力避け〝支援〟という言葉を用いています）。**お客さんに満足を与えることができず、先生、などとふんぞり返っているのは論外です。もちろんお客さんの満足の中で最重要なことは成績アップなどの成果が出ることです。おしゃべり上手で子どもたちの良きお兄さん、お姉さんだが、学習支援はそこそこ、このような講師は翼学院には要りません。

勉強がわかるようになりたい、成績をアップさせたい、受験に合格したい、お子さんや保護者の方のこのような本質的なニーズに応えてこその学習塾です。にもかかわらず、〝おしゃべり上手の指導べた"な家庭教師や個別指導講師が巷にあふれていることは私教育に携わる者として非常に嘆かわしいことです。

11 あなたのお子さんにぴったりあう講師、ダメな講師とは?

以上の話からお分かりのように、**有名大学出身であること、指導経験が豊富なこと(特に「先生」として上から目線での指導)は必ずしも名コーチの要件ではありません。**もちろん自分自身の学力が高く、学習が苦手なお子さんの指導経験が豊富であり、コミュニケーション能力に長けていれば、より良い講師となり得ることでしょう。しかし、大学名や指導経験を鼻にかけているようでは、特に学習が苦手なお子さんの支援を行うことは難しいと言わざるを得ません。ここでお子さんのタイプ別にどのような講師が支援にマッチするかについて述べてみたいと思います。

①過去の学習内容を忘れてしまい思考訓練もできていないお子さん

学習困難なお子さんのなかで最も多いタイプです。このタイプのお子さんを支援するにあたって重要なことは、**どこで躓《つまず》いてしまっているかをお子さんと一緒に探り当てる能力**です。躓《つまず》いた単元、理由を分からずに出てきた内容を指導しても定着しないからです。そのため**観察・分析が得意な冷静な講師がこのタイプのお子さんには合っています。お子さんの気分を高めて乗せることが上手な講師をマッチングしてしまうと、「指導を受けるとわかった気になるが、後で自分で問題を解くとできない」という事態が起きてしまうので要注意です。**

翼学院の西水元（葛飾区）支部の教室長は上場企業の英会話スクールでエリアマネージャーの仕事をしていた優秀な女性です。フェイス・トゥー・フェイスで対人支援をしたい、という高い志を持って当社に入社してくれた逸材です。外語大出身で英会話にも長けており、翼学院では留学希望の社会人の指導も行っているのですが、何にもまして①タイプのお子さんを伸ばすことが非常に上手です。理由は、

1. 指導をしながら塾生の様子を精緻に観察して苦手な箇所を的確に見つけ出すこと
2. やらなければいけないことを端的に提示し、安易に「できなくてもいいよ」「やらなくてもいいよ」という指導は行わず、指導内容を宿題などで反復させることに努めていること

3. 厳しいだけではなく、「○○さんのことを良く見ているよ」という気持ちを示し続けていること

にあります。結果、「教室長は男だから（笑）」と男子塾生に冗談で評される教室長です。才色兼備の彼女にはやや気の毒な気もしますが、私は〝最高の褒め言葉〟と感じています。**対人支援職は性別を越えたときに真の支援を行うことができるようになる**、と思っています。

勉強が苦手なお子さんに居残りをさせて泣くまで鍛え上げる、涙の数だけ強くなれる、というようなスパルタ塾のあり方には私は反対です。一時的に成績が上がったとしても、勉強嫌いになってしまうデメリットのほうが大きいと考えるからです。しかし、**宿題ややらねばいけない課題をやらない場合に、「いいやいいや」で終えてしまったら、永遠に成績は伸びません。**翼学院では（当然のことですが）勉強ができないことは責めませんが、宿題忘れさんには居残り学習を行ってもらいます。

ここで忘れてはいけないことは、**居残りで目標を達成した時には、その場できっちりと褒めること**です。間違えても「やればできるじゃないか。次回からやって来いよ！」などと言ってはいけません。この言葉は褒め言葉ではなく、宿題忘れを責める言葉だからです。

翼学院では、塾生への声かけについても講師に研修を行っています。**モチベーション（やる気）のアップは芦澤式の重要な要素のひとつです。**

②過去の学習内容は定着していないが思考力はあるお子さん

このタイプのお子さんは共通して「理屈っぽく、意外にニュースなどは良く知っているが学校の成績は悪い」と保護者の方に評価されます。保護者の方がよく言われる「頭が悪い」のではなく「**今まで学習をしてこなかったからできない**」だけ（だけ、が大問題とも言えますが）なのです。そこで講師は持ち前の思考力を刺激する指導をすることが必要です。**マッチする講師は自身も深く思考する力を持っている講師。「ここ重要だから覚えておくように！」という指示をする講師が指導にあたると益々勉強が嫌いになります。**

③コミュニケーションが苦手なお子さんや反応の薄いお子さん

このタイプのお子さんは、不登校（欠席日数が多い）、友人が少ない（別に悪いことではありません）、学校の教師の好き嫌いが激しくそれによって教科の成績も大きく左右される（これも当たり前のことで悪いことではありません）、目を見て話すことが苦手などの傾向がみられます。**支援に適する講師は細かい仕草や行動を深追いしないおおらかなタイプ。**よそ見をするたびに「こっちを見なさい」と注意したり、宿題忘れを「なぜやってこなかったんだ！」と**追求するタイプはダメです。但しこのタイプのお子さんの中には、いわゆる自閉症やアスペルガー症候群と診断されるような専門的な知識を持った者の支援が必要なお子さんもいるので要注意です。**身体を触られることに非常に敏感であるお子さんに「頑張ったな！」などと言いながら肩をポン、と叩くなど論外です。また音に非常に敏感な自閉症のお子さんに、熱がこもったキンキン声、裏返った声で指導するのは逆効果です。

④元気のよいお調子者タイプのお子さん

このタイプのお子さんは現在の成績を問わず伸びしろ（支援の方法がマッチするとグングン伸びる可能性）があります。にもかかわらず（教員や塾講師など）多くの大人が「お前は調子だけいいからな〜」と切り捨ててしまっていることが非常に残念です。翼学院で過去偏差値20超えのミラクルを起こした塾生の中にはこのタイプのお子さんが多いのです。**マッチする講師は、共鳴して牽引する力のある乗りの良いタイプ。褒め上手が要件**です。

⑤いわゆる非行のレッテルを貼られているお子さん

「俺も族やってたからよ、ヨロシク！」「私も盛ったメイクでセンター街ウロウロしていたんだわ」（多くの保護者の方、若い世代も意味不明かも……）このような自称元不良の大人は少なくありません。「サッカーやってるんだ、俺も中学のころ……」本気でサッカーをやった経験があるならばＯＫですが、ちょっと遊びでやっただけでこんなことを言ってはいけません。**気持ちを理解することと共感してしまうことは別物、支援者はわかった振りをしてはいけません。**２０１１年の夏期講習で、「学校の先生が空手の有段者で強いって言ってるんだけど、学院長（私のこと）とどっちが強い？」と尋ねられました。そんなことはわかりません。俺は強いよ、などと虚勢を張ってお子さんをコントロールしようとするのも、みっともないことです（空手の有段者の学校の先生のことではないので、念のため）。

ただ、私はお子さんの支援にまつわるあらゆることに対して「刺し違えても」という覚悟を持っているつもりです。今となっては誇る気持ちなど微塵もなく恥ずかしさでいっぱいですが、顔中（名誉の負傷の？）疵《きず》だらけです。酔うと浮き出る目から鼻にかけた疵、唇の上は自分の歯が貫通して縫った痕《あと》が残ってしまっています。でもこんな武勇伝（？）は塾生には語りません。ただ腕相撲を挑まれたときには全力を尽くして勝ちにいきます（笑）。

過去、「ツバサの学院長は腕相撲が強いらしい」と地域の中学生の間で噂が流れ、挑戦者がひっきりなしに挑んできたという恐るべき時期がありました。正直に告白すると、見た目の割には腕相撲は弱いです。でも全力で勝ちにいって、幸い今のところ（塾生には）負け知らずです。３年前に私に敗れた男子が高校３年になって鍛え上げ、先日、再度挑戦をしてきました。辛勝することはできましたが、それ以来背筋が非常に痛いです（泣）。

不登校で、メンヘルで、不良（？）で……、お子さんの気持ちが痛いほどわかる過去はあまた持ち合わせてはいますが、無責任に〝兄貴〟ぶるつもりはありません。お子さんと身近に接する大人として、是非はっきりとさせたいと思っています。先に述べた腕相撲の例のように、腕相撲など子どもっぽい、とか学習指導と関係ない、などとは逃げずに、**塾生とは同じ目線で真剣に向かい合いたいと願っています（できているかどうかは私が判断することではありません）**。

しかし、学校でも塾でも生活指導は学習指導が機能して初めて成り立つ、と考えています。**勉強を教えることが仕事の大人が勉強を分からせてくれもしないで能書き垂れるな、これがお子さんの正直な気持ちだと思います**。何もしてくれない大人の説教など聴きたくありません（**だからお子さんを養育している保護者の方は誇りを持ってお子さんの生活指導に**

当たってください。不退転の覚悟を持った保護者のお子さんは、多少横道にそれても必ず家庭に戻ってきます）。言ったとおり学習したら勉強が分かってきて成績も上がってきた、そろそろ入試が気になりだし内申が気になる、**個々のお子さんのタイミングを捉えて生活指導を行います。**

　非行歴があるとラベリングされているお子さんに適した講師ですが、妙な理解を示さない、かといって説教をしない講師。淡々と学習指導を進めながらも、覚悟を持って指導を行うことができる講師。ガンを飛ばされたら怯んでしまうのもダメ、かといってガンを飛ばし返すのは論外です。

　数年前、翼学院の前身の塾に、デスクの上に足をあげ制服のスカートの中からパンツをのぞかせながら携帯を操作し続ける女子が４名いる中２のクラスがありました。当時、特別支援を専門に研究・実践して港区の学校勤務と兼務し情熱に満ち溢れていた私は、「一切、素行について注意せず、４名の女子を変える」という苦行に取り組んでみました（今ならば、即、注意しますが）。最初は授業を聞いてくれなかった４名も、授業の中に学習ゲームを採り入れその成果を褒め、時には詩や自分の気持ちを文章にしてもらいその感性の鋭さに本気で感動し、と学校の授業に準拠した指導の前の15分でさまざまな取り組みをしたところ、

４名は１学期間で足を下ろし携帯をしまい、トイレに行くときにも挙手をして、「先生、トイレ行っていいですか？」と尋ねるようになりました。もちろん、学校の授業に準拠した指導をわかりやすいものとするよう努めたことは言うに及びません。

以上、学習が困難なお子さんに多く見られるパターンとマッチする講師の例を挙げてみました。家庭教師や個別指導の講師選びをするにあたって、保護者の方は是非参考になさってください。**このようなマッチングは本来、家庭教師センターや個別指導塾で行うべき最重要業務のひとつです。しかし残念なことに、このような視点から講師をマッチングするセンターや塾は非常に少ないです。保護者の方は、受講後のお子さんの声に耳を傾け、お子さんにとって優良な講師であるか、必ず確認してあげてください。そして問題があると感じたならば、センターや塾にそれを伝えて、場合によっては講師交代を求めてください。それに応じないセンターや塾ならば、是非、翼学院にご相談ください。**

第6章　〝芦澤式〟家庭での子どもの支援法のポイント

1．受験期の保護者の注意点

★家庭の安定が合否を左右する
★受験期になって接し方の方針変更をしない～急に教育パパ・ママにならない、急に理解者ぶらない
★模試の合格判定で右往左往しない
★頻繁な志望校変更は親の欲目か僻目
★ネットや知人などのウワサに左右されない
★子どものSOSサインを見逃さない
★子どもと保護者、塾とは一致団結して～塾への不安は子に話さず塾に相談

2．子どもの明るい将来を約束する家庭での支援法

★大地に根を張るための植林を行うのが父親（男性の保護者）の役目、日々苗に水を与え育むのが母親（女性の保護者）の役割
★「とびが鷹を産む」か「蛙の子は蛙」か、違いがあるとすれば保護者の志
★保護者の考え方にブレがないこと
★保護者も夢を語りづつけること
★保護者が子どもの力を信じ伝え続けること
★人格を否定する発言はしない～躾も「罪を憎んで人を憎まず」
★一貫した評価・見守りで自尊感情を高めて子どもの心を膨らます
★子どもの将来の夢について一緒に調べて体験する
★幼少のころから是非をはっきり伝えて非は改めさせること
★幼児の頃からきちんと理屈を説明する
★お子さんの「なぜ？」「どうして？」に徹底的に付き合う
★反抗期でも理屈を端的にきちんと伝える

3．夢を実現する子とは

★自分で限界をつくらない子
★小さくても成功体験を積み重ねてきた子（だから受験の失敗も怖い）
★純粋で無邪気な動機を持っている子
★とことん調べてとことん考える子
★身体を動かすことをいとわない子
★反抗的な態度を取っていたとしても心では親の恩を感じることができる子

4．合格・成績アップを約束する学習指導者とは

★会話の中から子どもの習熟度、理解力、コミュニケーション特性を探ることができる
★危機感や劣等感を煽り立てるやり方ではなく個々の子どもの特徴を捉えてその点を刺激して伸ばすことができる

★〝先生〟と大上段に構えるのではなく、ナビゲーターとなる（これは教育に限らず、医療、福祉などあらゆる対人サービスでの基本）
★家庭との調整に関わるときは、保護者の方の立場も理解しながら、子どものため必要なことならば自身が嫌われ役になることもいとわぬ覚悟を持つことができる

5．中学受験心得

★学習困難、学校に適応できない子こそ私立中学を受験してほしい
★受験の動機は千差万別でよい～地元の公立中学校に進学したらいじめの対象になってしまう、密な学習指導が受けられず落ちこぼれてしまう、学校の雰囲気になじめず不登校になってしまう等
★先に高校進学もあるので、中学受験は一度受験を志したならば一校には必ず合格してもらいたい～努力した結果がすべて不合格では受験がトラウマとなってしまう

6. 児童・生徒のメンタルケアを行うためには

★学習困難であることに起因する自尊感情の低下がある以上、この問題を解消せずにはメンタルケアは困難～翼学院の生活支援・メンタルケアが奏功する一番の理由は学習支援の場だから

★「勉強ができないことなんて気にしていない」はウソ

7. 家庭教師・個別指導講師選びのコツ
～高学歴・経験豊富な講師には注意！

★有名大学出身であることや指導経験が豊富なことは必ずしも名コーチの要件ではない

★スパルタ塾は勉強嫌いを作り、和気あいあい通うだけ塾は勉強しない子をつくる

★対人支援職は、性別を乗り越えたときに一人前となる

★「過去の学習内容を忘れてしまい思考訓練もできていない子」に気分を高めて乗せることが上手な講師をマッチングしてしまうと危険

★「過去の学習内容は定着していないが思考力はある子」は指示型講師が指導にあたると益々勉強が嫌いになる

★「コミュニケーションが苦手な子や反応の薄い子」に適するのは細かい仕草や行動を深追いしないおおらかな講師

★「自閉症、アスペルガー症候群の疑いのある子」には熱血な講師、声の裏返る講師は×

★「元気のよいお調子者タイプの子」は伸びしろあり。このタイプには褒め上手の講師

★「いわゆる非行のレッテルを貼られている子」には妙な理解を示さない、かといって説教をしない講師

第７章

大きく羽ばたくツバサ生たち

ご家庭との連携による学習支援

1　ＡＤＨＤのＥさん（小1で入塾　女子）

Ｅさんは小学校に入ってから小２が終わるまで数えるほどしか学校に通えていませんでした。Ｅさんは ＡＤＨＤ（注意欠陥・多動性障がい）と診断されており、**教室内で落ち着いて座っていることが出来ません。また元気に動き回るため友達と衝突することもあり、それがきっかけで学校に通えなくなってしまいました。**心配になったお母さんが校長先生に話したところ、「家庭で甘やかすから怠け病、不登校になるんだ」という返答でした。お母さんは診断名をあげて、決して怠け病などではないと熱心に伝えましたが校長先生は聞いてくれず、紹介された特別支援コーディネーターの先生も、「私はやりたくてコーディネーターをしているわけではない」と答えたそうです。学校とＥさんとの間には積極的に介入してくれませんでした。

このように学校には通うことが出来ないＥさんでしたが、翼学院だけには小１から休まず通ってきてくれていました。イスに座っていられず時々大きな声を出してしまうこともありましたが、翼学院での勉強は個別ルームで行っていたため、担当講師も周囲を気にすることなくＥさんと勉強することができました。**周囲に気兼ねせず買いものゴッコや塗り**

絵などをしながら算数の勉強をすることで、Ｅさんは算数の勉強が大好きになりました。小２になる頃には他の子もいる教室で勉強できるようになり、今は翼学院でのスタンダード授業である講師１名と塾生２名の受講ができるようになりました。隣の子との関係も良好で、翼学院が学校であれば不登校の問題は解消されるであろうと断言できます。

しかし、今でも学校には通うことはできません。私はお母さんと面談を重ねて学校の対応を確認した上で、教育委員会に事情を説明して相談しました。その後Ｅさんのお母さんと学校長で再度協議して、Ｅさんの不登校について配慮していただいているとのことです。不登校のお子さんを支援する私塾や団体の中には、「学校などどうでも良い。子どもが将来にわたって生活するための力をつければ良い」と称して不登校であることや学力を放置しているところが少なくありません。

不登校というレッテルを貼られて出席日数が著しく少なくなってしまうと、進学に大きな影響を及ぼします。また本書で繰り返し述べている通り、学力は将来の生きる力や自尊感情と密接に関わっています。さらに重要なことは、**不登校となった原因を探り問題を解決するように進めないと、進学したのちにも同じ問題が生じてしまうことです。**

このような意味で、**学習やソーシャルスキルトレーニング（他者や社会との関わりに関**

する練習）と併せてお子さんのメンタルケアやご家庭の支援（場合によってはご家庭の問題の抽出とケア）**が重要です。これらのトータルバランスの中でお子さんは自身にあった歩みで育っていくのです。**学校に通えないから家庭教師をつけて勉強させ大学検定を受けて一発逆転を狙う、心の問題を解決するためカウンセリングや○○療法に通いお子さんの心を取り出してもみくちゃにする、個々の対応では、大学に合格したが不登校は継続した、カウンセリングで励まされて学校に行き始めたが勉強がわからず苦しくなってまた不登校になった、などの問題が発生します。ポイントはトータルバランスなのです。

手前味噌になりますが、**トータルバランスの中で支援を行うことができる翼学院のような私塾が各地にできてくれたならば、各地域の困っている子ども達のためにどんなに良いだろうと**思います。翼学院に見学にみえる他の地域の保護者や教育関係者の方も口を揃えてこのように言っています。

2 不登校のFさん（中3で入塾　女子）

Fさんは中3になってから翼学院に通い始めました。人と接することに恐怖心を感じているため学校にまったく通うことができず、**学校からは「進学先も就職先もナシ。あとは知りません」と決められてしまった女子**です。様々な角度から様子をうかがって、自閉症スペクトラムかな、と感じる点もありましたが、素人が診断すべきではなく、また診断に特段の意味を感じない私は、そのままのＦさんを受け入れました。私がやむを得ずに、例えば「いわゆる発達障がいかもしれない」と講師に話すことがある場合の意図は、**ラベリングして病人扱いをすることにあるわけではなく、可能性を示し注意点を伝達するため**のことです。「この子は人とのかかわりが苦手だから配慮してあげて」と講師に伝えるよりも、「発達障がいの可能性があるから、こういう点に注意して」と文献を示すほうが講師が理解しやすいからです。反面、偏見につながってはいけないので、講師と共に注意点を熟読することに留めます。

乱暴な物言いのため専門家からの批判を覚悟で述べると、**発達障がいの子に対する留意点を意識した支援をすることで、障がいのない目の前の子を大きく傷つける可能性は低い、**と私は考えています。例えば親愛の情を示すためにむやみやたらに肩などを叩く教員などがいますが、それほど親しくもないのに肩を叩かれて気分が良いわけはありません。そこで、「身体接触には細心の注意を払いましょう」という自閉症スペクトラムの子に対する支援を意識しておけば、目の前のお子さんを傷つける可能性は少ないわけです。どうしても踏み込んで肩を叩きたいのならば、お子さんの様子を十分に観察してすべきである、**積極ミスを犯す前に、子どもも一人格を持った存在である、という意識を支援者は持つべき**です。

Fさんの話に戻します。Fさんの場合は塾の教室に入ることができない日もあり、脅えて入り口の人目につきづらいところに隠れていることも少なくありませんでした。当初は担当講師が声を掛けて短時間でも教室内に入れることを目標にしたのですが、時として担当講師にも恐怖心を感じてしまうことがありました（修士課程で心理学を専門に学んだコミュニケーションに配慮できる講師でしたが）。

そこで養護教諭の出番となりました。不登校、障がい、学習困難児などとその家族のメンタルケアを日々実践している養護教諭は、Fさんの心の支えとなってくれました。Fさんは、入り口から教室内を覗いて養護教諭がいるときには、教室に自発的に入ってくることも増えました。それは、翼学院での中3の三者面談の段階になってようやく（所属中学には通うことができないため、面談をしてもらうことができませんでした）、私とも対話ができるようになったFさんは、都立のチャレンジ校に進学したいと話してくれました。

「面接の練習もしなければならないよ」面談時の私の言葉に促されて、Fさんは勇気を出して私の面接・作文対策講座を受けることになりました。この講座は翼学院の人気講座のひとつで、その年度は20名近い受講生がいました（個別、少人数クラスの翼学院にしては異例の多人数クラスです）。「推薦で総合高校に進学してダンスを続けたい」「ちょっとヤンチャしちゃったから内申の提出がいらないチャレンジ校で」など、その年度の受講生は元気者揃いでした。

その雰囲気に圧倒されたFさんは開講初日、こっそり入り口で帰ってしまいました。それが分かった次の週、養護教諭が入り口で彼女をみつけて声をかけました。いつも根気強く送り迎えをしてくださっているお母さんと顔を見合わせているFさんを、養護教諭はそっと私のすぐそばの席まで連れてきてくれました。そしてそのまま授業時間中、ずっとFさんに寄り添ってくれていたのです。Fさんと養護教諭の間にはそれまで時間を掛けて醸成された信頼関係があり、そのおかげでFさんは落ち着いて授業を受けることができ、その日には私からの発問に答えることはできなかったものの、翌週には発問に答えることができ、講座の後半には対話に参加できるようになっていきました。勇気を振り絞るように、か細いながらも一生懸命声をあげて自分の意見を言えるようになったのです。私もFさんを例外扱いとせず、答えられないときは深追いはしないけれども、必ず他の受講生と同じ頻度で指名するようにしました。周囲のお子さん達も、養護教諭がずっと寄り添っていた日のことを覚えていて何を問うこともなく、自然にFさんを受け入れ、発言に手間取る時には他の作業をしながら待っていてくれました。その春、Fさんは約3倍の倍率を突破して見事チャレンジ校に入学しました。合格の報告に来てくださったFさんとお母様、養護教諭と私でそれこそ手を取り合い涙して合格を喜びました。

Fさんは高校生になった現在でも翼学院に通ってくれています。今でも、学校へも塾へも通うことが辛くなって休むときもあります。**特に対人関係に苦手感のあるお子さんはドラマやマンガのように短時間に急変するわけではありません。**しかしスモールステップで着実に、Fさんは変化しています。ときどきFさんを道で見かけることがありますが、コンビニの買い物袋を手に提げ一人で歩いている姿に、「少しずつ、一人で世間に出て行くことができるようになっているのだなぁ」と感慨ひとしおです。

私は苦手感がある子の人格を否定してまで変わることが不可欠、と考えているわけではありません。他の人や世間とその子なりに折り合いがつけられればそれで良いと思っています。**折り合いをつけるにあたって難しい部分を変えることでその子自身が楽になることが唯一の「変わる」目的**である、といっても過言ではないと私は考えています。

3

学習困難な子の中学受験編▽
自分の中に抱え込んでしまうGさん（小6で入塾　女子）
話すことが大変苦手なHさん（小5で入塾　女子）

本書を書いているときに嬉しいお客さんがありました。中学受験に合格して同じ私立中学に進学したGさんとHさんです。真新しい制服を誇らしそうに着てすっかりお姉さんになった様子のGさん、Hさんですが、二人とも入塾時には偏差値28前後、学校でも成績は学年で下位のほうでした。それぞれ入塾の時期は異なったのですが、小６の夏休みまで成績が中々上向かず、また他者とのコミュニケーションもうまく図れない様子でした。

Gさんは人懐っこく笑顔が素敵なお子さんなのですが、勉強のこと、学校での対人関係のこと、嫌なことがあると自分の中に溜め込んでしまい話をしなくなってしまう傾向がありました。そんなときは講師が話しかけても、うなずいたり首を振ったりするだけ。お家の方もその様子にイライラしてしまい、そうなるとGさんは余計に元気がなくなってしまうのです。

Hさんは話すことがとても苦手で、特に大人の男性と二人になるとうつむいてしまい、全く会話ができなくなってしまうのです。夏休みが終わっても二人とも学習面でも対人関係の面でも同じ状態が続いていたため、私が担当となって二人一緒に国語の指導を開始しました。

話すことが苦手なGさんとHさんでしたが、発問されると一生懸命に考えます。ただそれをうまく言葉や文章で伝えられないのです。正解を自身で導くことができないとしても、**ヒントを出しながら一歩ずつ解答へ向けて思考をめぐらしてくれる**二人、その過程を見聞きするとすごく論理的に考えている点があり、また鋭い視点を持っている点もあり、一つひとつを褒めて解答へと導いていきました。**反復してその作業を行っていると、解答までの距離が徐々に近づいていきます**（自分で解答できることに近づいていきます）。それでも二人とも模擬試験の成績は振るわず、保護者の方も翼学院の講師も「合格は危ないのではないか」と強く心配し始めました。

しかし二人と一緒に勉強していて、**思考の道筋がどんどん広く深くなっていることを知っていたので、慌てることなく「大丈夫」と言い続けました。**またGさんのお母さんに、必ず伸びてくるからドッシリと構えていてくださるようにお願いしました。「伸びるから」と言われてはいましたが、Gさんのお母さんはさぞや心配だったことでしょう。でもお母さんは、私との約束を守ってくださり鷹揚にＧさんを見守ってくださいました。Ｈさんと一緒に授業を受けながら、また私に励まされながら、**解けない理由を丁寧に分析して、「この点をトレーニングすれば大丈夫」と伝え続けてきた**ことで、Ｇさんは積極的に発言してくれるようになり、**お家の方も安定して接してくださるので落ち込んでしまう率も減ってき**ました。

秋も深まってきた頃、難しいとされる学校の入試問題を解いていたＧさんの顔がいきなりパッと輝き、スラスラ問題を解き始めました。解説をしながら採点してみると（翼学院では、解いた問題の答えあわせは先にしません。解説の中で１問１問の正解不正解を確認します。**先に答えあわせをしてしまうと答えがあっている場合、解説を聞かなくなってしまいがち**だからです）、なんと８割も正解していたのです。Ｇさんは頬を紅潮させてすごく嬉しそうでした。それから成績はグングン伸びていき、お家の方も益々イライラすることが減り、Ｇさんと良好な関係を保ってくださるようになりました。Ｇさん母子は姉妹のように親しい関係になってくれました。ＨさんもＧさんの頑張りに引っ張られて熱心に学び、授業中も積極的に発言してくれるようになりました。

冬期講習になって、二人は同じ大学附属の中学を第一志望にする、と私に話してくれました。模擬試験の評価は厳しかったのですが（でもこの時期になって、合格判定が出る学校がいくつか出てきました）、「今の上り調子ならばいけるかもしれない」と考えた私はGOサインを出し、自習室で解いてもらった第一志望の中学の**過去問題で間違える理由の分析をひたすら行い、その対策を指導**しました。

翌年2月、結果は二人とも第一志望に見事合格！　Gさんは他に2校、Hさんは1校合格し（その学校には申し訳ありませんが）、入学辞退をして第一志望の学校の制服を着ることとなったのです。二人とも夏休みの段階では、「どこでもいいから1校受かれば御の字」という状態でしたので、お家の方もよもや入学辞退をするほどになるとは考えてもいなかったようです。二人はそれぞれの保護者の方と共に合格の報告に来てくださり、共に手を取り合って合格を祝いました。「**子どもってこんなに変わるんですね！**」。その時Gさんのお母さんがおっしゃった言葉と、その隣ではち切れんばかりの笑顔を浮かべていたGさんのことは今でも忘れることができません。

そのGさんとHさんがお姉さんになって翼学院に学校の様子を報告に来てくれたのでした。さらに中学校の担任の先生が下さったお手紙には、なんと！「Gさんが学級委員になりクラスをまとめている」と書いてあるではありませんか。小学校の友達になじめずうつむいていたことが多かったＧさんが学級委員です。「子どもってこんなに変わるんですね！」。Ｇさんのお母さんのあの日の言葉がよみがえりました。Ｈさんもおっとりとした学園生活を送っているそうです。おっとり、というと悪い言葉のようですが、人見知りが激しかったＨさんが、おっとりとできることは素晴らしいと思います。今回はＧさんを中心に振り返りましたが、Ｈさんも大変化を遂げた中学受験生の仲間の一人です。

4 アスペルガー症候群のＩくん（中１で入塾　男子）Ｊくん（中３で入塾　男子）

女子の話ばかりしてきました。「芦澤先生は女の子ばかり好きなんだよ」と誤解されては困るので、男子の話もしましょう（笑）。

Ｉくんは、小学生の低学年のときに医師からアスペルガー症候群という診断を受けました。電車が大好きで電車の名前から時刻表に至るまですべて記憶、また駅名などは一度電車に乗ってアナウンスを聞くだけで全て覚えてしまうほどの記憶力の良さでした。ところが英単語の暗記となると大の苦手で、みるみる大きな身体が小さくなってしまいます。また一度好きになった人は徹底的に大好きになり、大好きという気持ちを表さずにはいられません。

例えば私は、何度もデスクの上に乗せている手を握り締められ、デスクの下では足をからめられ、という経験をしました。用事があってメールアドレスを教えた時には、朝昼晩、毎日、時には携帯で写した電車の写真を添付してメールを送ってくることもありました。もちろん拒絶はしません。ただ気に入った女性の先生に、足をスリスリしたときには注意をしました。それをきっかけに、学年が上がっていき、私とのコミュニケーションが濃厚になるにつれて、他者との距離感について話をしました。**一般的にアスペルガーの子は他者との距離感を図ることが苦手、と言われています**。中には好きになった女の子のあとをずっと付け回してストーカーとして警察に捕まってしまう人もいるほどです。私は、Iくんには**うんと近い距離を保つ対象を私に絞ってもらい近い距離から他の人との距離感を一緒に図り、近づきすぎた時に相手の人がどのように感じるか、インタビューするなどしました**。

その成果もあって中3になって受験時には、面接で面接官にしっかりと対応することができ、念願の鉄道高校に入学することができました。Iくんは高校になっても翼学院に通ってくれました。高2のとき、Iくんの一番の理解者であるお母さんが病気で倒れられ長期入院を余儀なくされました。Iくんは毎日のように電車に乗って遠い病院にお見舞いにいき、往復の電車でお母さんの容態について私にメールを欠かさず送ってくれました。

Jくんもアスペルガーと診断されていたのですが、お母さんの方針で中学校にはそのことを一切、伝えていませんでした。そのため、「授業中、ニタニタしてふざけている」とか「ボーっとしていて教師をなめている」などという評価を受け、通塾の成果でいくら限りなく100点に近い点数を取るようになっても成績は1や2ばかりでした。内申書の成績が心配だったこともあり私はお母さんに、学校に診断を受けていることを伝えるようにお話したのですが、お母さんは「絶対にカミングアウトしません」と方針を貫かれました。お母さんのお考えは「障がいがある、とカミングアウトして一生他の人に保護されて生きるのでは、本人が生きる力をつけることができない」というものでした。

私は「障がいがあるから保護してください、と考えるのではなく、**このような特徴があるから理解してください、と相手に伝えることで、Jくんだけではなく相手も楽になるの**ではないか」と考えてお伝えしたのですが、三者面談を重ねて本人の意向を確認した上で、お母さんの方針を貫きました。その後、合格が大変難しい高等専門学校に進学し柔道部に入ってみるみる力強くなっていったJくんをみて、「お母さんの方針もひとつの選択肢であったのかもしれない」と私は考えました。

Iくん、Jくんともに高校在学中、翼学院に通い続けてくれました。中には「大学生になっても通いたい」と本人、保護者ともに希望なさる場合もあるのですが、これはお断りしています。厳密に言うとJくんは3年生（高専は5年制）の段階で翼学院を卒業してもらいました。Jくんのお母さんは、「塾に通っていることが精神的な安定につながるので卒業させたくない」と言ってくださいました。翼学院を頼ってくれることはとても嬉しいのですが、適切な段階で塾離れしてもらいたいと思っています。寂しいのですが、いつまでも塾に依存していては本人のためにならないと思うのです。

在塾中もそうです。友達のような親しさで、「あの先生じゃなきゃイヤだ」と人気を博することは一概に否定はしませんが、塾生に真の力をつけてもらうためには、**手離れの良い授業（一講師との「仲の良さ」のみに依存する関係ではなく、その子のため必要であればあえて仲の良い講師から別の講師に移すことも辞さない、そして塾生がそれを受容できる関係）をするように**、と講師に研修で伝えています。

第7章　大きく羽ばたくツバサ生たちのまとめ

【支援一般について】

★子どもの理解者のふりをして積極ミスを犯す前に、子どもが一人格を持った存在である、という意識を持つべき

★トータルバランスを図る支援を▽学習、ソーシャルスキルトレーニング、メンタルケア、ご家庭の支援を総合的に

★障がい名を伝えることの目的は病人扱いすることにあるのではなく、可能性を示し注意点を伝達するため

★障がい名など子どもの個性を相手に伝えることで、子どもだけではなく相手も楽になる

★ドラマや漫画のような短期間の劇的な変化を期待しない

★異常だから、病んでいるから変えなければいけないのではない。世の中と折り合いをつけて本人が楽になるため変わるのだ

★家庭の安定が子どもの一番の安定剤

★卒塾生の保護者の言葉「子どもってこんなに変わるんですね！」を拠り所に

【状態別支援法】

★ＡＤＨＤ（注意欠陥・多動性障がい）の子は、周囲に気兼ねせずゴッコ遊びなどをしながら勉強をすることで勉強好きに

★不登校の原因を探り問題を少しずつ解決するように進めないと、転校・進学したのちにも同じ問題が生じる

★アスペルガーの子には、近い距離を保つ支援者を絞り込み、共に他の人との距離感を図っていく

★アスペルガーの子には「近づきすぎたときに相手の人がどのように感じるか」支援者がインタビューする

【学習困難児・生徒の支援法】

★ヒントを出しながら一歩ずつ解答へ向けて思考をめぐらす手伝いを

★類似の問題で同じ作業を反復して行う

★正答しなくても思考の道筋が広く深くなっていけばよい

★解けない理由を丁寧に分析して間違える理由を伝達し続ける

★解けない理由の伝達の際、「この点をトレーニングすれば大丈夫」と伝え続ける

★先に答えあわせをすると解説を聞かなくなり思考トレーニングを怠る傾向に

★「手離れの良い支援」を（「仲のよさ」のみに依存する関係ではなく、その子のため必要であればあえて別の支援者に移すことも辞さない、そして子どもがそれを受容できる支援）

第８章

方針も経営も安定した塾選びのための視点

1 地域の小中学校の定期テストから教員の情報まで熟知した地元密着型塾か

リーマンショックに東日本大震災、日本の産業界を取り巻く経営環境は非常に厳しいものがあります。もちろん学習塾も例外ではありません。学習塾の場合は、これに少子高齢化や子ども手当の打ち切りなど政策の揺れという環境も影響します。特に東日本大震災以来、経営が悪化して経営母体が変わってしまった塾や潰れてしまう塾のうわさも少なからず耳にします。1年分の学費を前納して潰れてしまったらそれこそ大変です。翼学院は求められても1年分の前納は受けていません。指導の品質に疑問を感じていても1年分前納したから仕方ない、では済まないのが「人を育てる業界」のはずです。

にもかかわらず、「塾に一年分前納してしまったので、辞めたくてもやめられない」という相談を保護者の方から受けることも少なくありません。クーリングオフ、など法的なこととは別として、そのような縛り方をしないと塾生が逃げてしまう、というレベルの塾があることは悲しいことです。また経営母体が変わってしまうと、これも深刻です。経営陣の刷新により方針変更されてしまうと、それまでの方針にあっていたお子さんは新しい体制の塾に適応できなくなってしまいます。だから**塾選びの視点として、指導力やコミュニケーション力は当然のこと、経営が安定していることもお子さんのためにも非常に重要**なのです。

これまで本書で教育関係者の方に向けたメッセージは、大変厳しいものだったと思います。しかし特に私塾経営者の方には「共に頑張りましょう！」と申し上げたい気持ちでいっぱいです。先に述べたとおり業界関係者から聞くところによると、震災以降中小の塾の塾生数が減少して中には廃業の憂き目をみている塾も少なくないとのことです。翼学院は地域の塾生や保護者の方からの口コミのお陰で本書を執筆している2学期以降も間断なく、また夏期・冬期講習もオリコミ広告を一切行うことなくご紹介や評判だけで塾生数が増え続けています。大変ありがたいことです。

私は公教育からこぼれ落ちてしまったお子さんを救うことができるのは、有名校への合格率に終始する大手進学塾ではなく、地元に根を張った中小塾であると確信しています。

1コマいくら、というような算盤のはじき方による指導ではなく、授業終了後、自然と講師の周りに集まってわからないところを質問する塾生、時が経つのを忘れ熱心に指導を行う情熱溢れた講師、保護者の方一人一人の顔が浮かんできて、「あぁ、○○さんのお子さんに対する思いに応えなければならないな」と（学校が投げ出してしまったお子さんを）合格まで諦めないで進路指導する塾長、このように寺小屋のような塾が地域のお子さんの未来を担っているのです（寺小屋を謳《うた》って指導をせず宿題の答えあわせだけをする塾は困りますが）。

地元密着型のお子さんのためを考えている塾は、地元の小中学校の情報収集は怠りません。翼学院の例で言えば、**過去の定期テストの収集と分析はもちろんのこと、学校の教員から校風に至るまで、**塾生を支援するために絶え間なく情報収集と分析を行っています。さらに**学校公開日では講師が地域の全小中学校の授業参観に出向いて報告書を作成**しています。意地悪にチェックをするためではなく、学校の授業で足りないところを補う支援を行うためです。学校で講師の姿を見かけると塾生は大喜びです。熱意ある教員の中には「ツバサの先生ですよね、共に地域のため連携して頑張れるとよいですね」と言ってくださる方もいます。

また**学校の進路指導の傾向を押さえていることも塾長や教室長にとっては不可欠**です。最近の中学校では自主性を重んじるという方針から、「お子さんの適性を考えたうえで薦められる学校名を明言すること」を控える傾向があります。また保護者の方が、「○○高はどうでしょうか?」と聞いても、不合格になった場合のリスクを考えて、絶対に合格できる場合以外には、「ウン」と言わない傾向があります。

偏差値だけがすべてではありませんが、例えば大学受験を必ずしたい子であれば、少しでも偏差値が高い学校に進学して友人と切磋琢磨するのは必要なことです。逆に食品の勉強をしたいから農業高校に進学したい、という子に、偏差値だけで商業高校を勧めるのはナンセンスです。しかし「どうせ、そんなに強い動機ではないんだろう」と、こんな進路指導を平気でする学校の先生もいます。ですから学校の進路指導の傾向を知っておいて、お子さんや保護者の方がそれに振り回されて右往左往してしまったときに、内申点などを踏まえて塾長や教室長が適切なアドバイスができることは重要です。**塾独自で進路指導がきちんとできることは良い塾としての必須事項**です。勉強を教えることだけが学習塾の役割ではありません。**時には迷っているお子さんの性質も考慮に入れて一緒に進路を探し、そのために足りない力（学力だけではなく、面接や作文、プレゼンテーションのためのコミュニケーション力、本番での胆力なども含めて）をつける支援をすることが**学習塾の使命だと私は考えています。

2 独立採算で寄付などの善意に頼らない経営をしているか（フランチャイズは要注意）

私が翼学院を〝学習困難児童・生徒のための塾〟と定めて創業するとき、実はNPOにすることも頭をよぎりました。しかし「NPOにして世の中の方々の善意に頼るのではなく、独立採算で信念を貫きたい」という思いから株式会社組織にしました。**善意は社会情勢によって打ち切られる可能性があります。その時に経営が成り立たなくなって潰れてしまったら、塾を頼りとしている地域のお子さんや保護者の方、社員・講師の期待を大きく裏切ることになるのです。**過去に著書を出すに至るまで法律を専門に学んだ経験から、私は設立登記など一切を自分で行い設立費用を節約しました。生々しい話ですが、初年度こそ赤字でしたが、二年目からは黒字化に成功しました。

私は、「**健全な組織を創るためには、財務や人材育成を自社でキチンと行うことができること、自社の力で、働く人々の生活を保障し安心して働ける職場を創ること**」を運営方針としています。翼学院では、東京都の塾代融資制度を利用するご家庭のお子さんも多く受け入れてきています。「志はよいが、学力が低くお金がない家庭の子どもを受けて入れていると今に潰れるよ」と（本来は困っている方の支援を行うべき）福祉関係者から助言を受けたこともあります。〝成り立たないビジネスモデル〟と言われるたびに、負けず嫌いの私は「なにくそ！」と思って頑張ってきました。そんなときに**一番の支えとなってくれたのが、塾生たちの笑顔、保護者の方々のご支援**でした。翼学院では卒業時に、お子さんと保護者の方と手を取り合って皆で涙を浮かべて進学を祝うことは稀ではありません。**学校、NPO、大手進学塾での20数年の勤務経験を踏まえても、これほど喜びを分かち合える場は他にありませんでした。**

またフランチャイズ塾は要注意です。経営者が片手間に塾経営を行っていることも少なくはなく、**また独立採算で事業を行っているため本部のテコ入れも手薄になる傾向があります。**昨日までは車のセールスをしていた営業マンが、転職していきなり教室長になって本部から派遣される、などという例も散見できます。

3　地域の方々との連携を大切にしているか

翼学院にとっては、商工会議所など地域の先輩方の支えもないがしろにはできません。

学習塾経営者とお話をしていると、「商工会議所などの地域の経済団体に所属しても（B to Bのような受発注が発生するわけではなく）直接仕事には繋がらないから、時間と費用がもったいない」と言われることも少なくありません。しかしそこで得られる地域の方々とのつながりは貴重です。過去の戦争など幾多の試練を乗り越えてきた地域の先輩方が「教育は地域の要」とおっしゃってくださり「頑張れ！」と翼学院を応援してくださいます。頂いたお便りや励ましのお言葉は翼学院ではすべて社員と共有して励みにさせて頂いています。また区政や都政、国政を担う議員の方々も翼学院の活動を支援してくださっています。**このように翼学院は地域の方々に育んでいただき歩んでいるのです。**私を含めた翼学院の社員**ひとりひとりが「天に生かされ、人に活かされ」て**いるのです。

創業4年目、まだまだ、否、生涯、発展途上で偉そうなことは言えませんが、私塾経営者の読者の皆さん、どうか地域の方とがっちり手を結んで、そこで事業をさせていただいていることに感謝の念を持って、少しでも地域に恩返しをするように努めてください。**ロータリークラブでは、一番の奉仕は〝職業奉仕〟である、**と言われています。与えられた仕事を全うし、全力でお客様の要望にお応えすることで世の中にも貢献できます。幸い**塾の仕事は、他者を不幸にせず皆でハッピーになることができる仕事**です。迷わず突き進むことができるのです。

4　塾経営者、講師が誇りを持っているか（塾講師はカッコいいんです！）

多くの経営者の方と名刺交換をしていると、中には塾経営と知ると、「フフン」と笑う方もいます（被害妄想ではなく）。これは塾経営者に対して「良い大学は出たけれども学校の教員になれず、社会で通用せず、自宅で子どもを集めて食いつないでいる」というイメージを持たれているからのようです。ですから私は経営の分野でも恥ずかしくないように、大学院で経営学を修め、新聞、雑誌や書籍を通じての情報収集も欠かしません。

そして何よりも大切にしているのが、先輩経営者から学ぶことです。どんな分野の経営でも自分で経営することが大変であることは、塾経営者の皆さんも強く感じられている通りです。長きに亘《わた》り会社を持続させることは至難の業です。創業後、１年以内に倒産する会社は30〜40％、３年以内で70％、10年だと実に90％に至る、とも言われています。**小規模であっても事業を継続するということは尊敬に値する**ことだと思います。まして子や孫代まで立派に会社を育むということは至難の業です。

しかし、世の先輩にはこの至難の業を成し遂げられている方がたくさんおられます。これを私たち新米経営者が学び、次の世代に伝えていくことは責務だと思います。だから私は公民の授業にはおのずと力が入ってしまいます。経済の仕組みや政治について熱く語ってしまいます。その結果、**翼学院で学び経営学の大学に進学する塾生もいます。また翼学院の先生に憧れて教育学部に進学する子もいます。**

昨年入社してくれた男性社員は、超有名進学中学・高校を経て有名大学に進学した後、厨房での食器洗いのバイト、レンタルビデオ店での深夜までのバイトなど働きづめで自分の目標や生き方を見失ってフリーターを続けていました。

塾生のお母さんにご紹介頂き翼学院で勤務を開始したのですが、当初は戸惑うことが多く、本来の実力を発揮することができませんでした。翼学院では入塾希望者には必ず無料体験授業を受けていただき、「わからないところをわからせてくれる塾か」をしっかりチェックしてもらいます。今ひとつ手ごたえを得られていない様子の新入社員の彼が半年ほどの勤務を経たのち、無料体験授業を担当しました。結果は入塾辞退。率直に言って「わかりづらい」との感想でした。しかしここからが彼のすごいところです。私に食い下がって徹底的に自分の授業の分析をし、それを日々の授業に反映させ、彼の授業はみるみる変わっていきました。彼は現在、本部教室の教室長代行として活躍しています（当社では破格の昇進！　です）。その後の無料体験授業で受講した生徒は全員入塾、入塾後も教室長代行としてがっちり塾生をサポートしています。入試前日まで塾生を励まし続けて、小学校の教員も「ありえない」と首をかしげる中学受験合格者を輩出したのも彼です。（表現は悪いかもしれませんが）単純作業のアルバイトを辞めずに続けてきた根性が、また悩んできたそれまでの生き方が、翼学院で開花して〝水を得た魚〟のように活躍してくれているのです。挫折を知ったうえでそこから這い上がってくると非常に強いものがあるのです。

ここで断言します。「塾講師はカッコいいんです」（総合格闘技のリングで勝ったプロレスラーの「プロレスラーは強いんです」というマイクパフォーマンスに憧れて一度は使ってみたかった台詞！　ちなみに私は中３のとき新日本プロレスの門を叩き、身長が足らずに断念して泣く泣く高校へ進学した経験があります）。

翼学院の講師には、中高専修教員免許取得者、心理専門職、医療専門職、などたくさんのプロフェッショナルが集っています。皆、「学校やカウンセリングルーム、医療の現場では、やれないことが翼学院でできるから」と誇りを持って仕事をしてくれています。お子さんの学習力を高め、将来の進路をともに考え、時にはご家庭とも関わり支援をする……、教員で、カウンセラーで、ソーシャルワーカーで……、**対人支援職の最高峰が翼学院の講師であると私は確信しています。**塾経営者の皆さん、塾講師の皆さん、皆さんができることは無限にあります。こんな素晴らしい仕事をしているんです。何度も言います。「塾講師はカッコいいんです！」

地域のお子さん同士の喧嘩の仲裁もしました。警察に捕まったOBのフォローもしました。学校の前で喫煙していた生徒や体育倉庫の上に昇り通る人通る人にツバを吐きかけていた生徒（塾生ではない）が、私と目が合ってタバコを消したり、ツバを吐くことをやめた、などの出来事もありました。喫煙もツバ吐きも学校の先生はそばにいながら見て見ぬふりです。教員に限らず地域の方々の〝**大人としての覚悟**〟の問題という気がします。日常、私はあまりに〝粋でいなせな服装（？？？）〟をしているので、近くのレンタルビデオ店で出会った（しょっちゅうレンタルビデオ店やショッピングセンターで塾生、OB＆OGに出会います）現役の塾生が、声を掛けた私からダッシュで逃げた、というハプニングも起きます。私とわかると塾生が「あぁ、学院長か。ヤ○ザだと思った！」とホッとした表情を浮かべることも多々あります。これは、「どうせ不良になっちゃうんだったら、私に憧れて義理と人情を重んじる不良に育って欲しい」という思いが空回りした例です（たいてい、空回り、かな?･)。

各地域で塾経営を頑張っている経営者の皆さん、どうか翼学院に遊びにいらしてください。またご要望があれば可能な限り私も貴塾にお伺いします。私自身の経営者としての経験と大学院で学んだ経営学の論理が少しでも役に立つならば、塾経営のお手伝いもします。また「芦澤式」を用いた対人支援を行いたいという方の応援もしたいと思っています。他の業種では同業組合で頑張られている方がたくさんいます。塾経営者も協力して各地で大地に足をつけて踏ん張ることができればいいな、などと考えています。保護者の皆さんはお子さんのため、地元にしっかりと根を張っている塾をどうか探してあげてください。

第8章　方針も経営も安定した塾選びのための視点　のまとめ

～公教育からこぼれ落ちた子どもを救うのは、地元に根を張った中小塾だ！

★塾選びには、指導力やコミュニケーション力は当然のこと、経営が安定していることも非常に重要

★過去の定期テストの収集と分析、進路指導の傾向、学校の教員に関する情報から校風に至るまで地元の小中学校の情報収集を行っているか

★塾独自で進路指導がきちんとできているか

★時には迷っているお子さんの性質も考慮に入れて一緒に進路を探し、そのために足りない力（学力だけではなく、面接や作文、プレゼンテーションのためのコミュニケーション力、本番での胆力なども含めて）をつける支援をすることができる塾か

★独立採算を行っているか。特にＮＰＯ等、寄付などの善意で成り立っている団体は母体をしっかりチェック。善意は社会情勢によって打ち切られる可能性あり

★フランチャイズ塾は要注意。経営者が片手間に塾経営を行っていることも少なくはなく、また独立採算で事業を行っているため本部のテコ入れも手薄になる傾向あり

★財務や人材育成を自社でキチンと行っていること、講師が物心ともに安心して働ける環境であることをチェック
★塾生の笑顔と保護者の支援に溢れる塾か
★地域の先輩方に支えられ地域の方々に育んでいただいている塾か
★塾長、教室長、講師が明るく、仕事に誇りを持っているか

（翼学院の支援職に対する考え方）
★翼学院の社是は「天に生かされ、人に活かされる」
★世の中の一番の奉仕は〝職業奉仕〟であるという教えを忘れない
★他者を不幸にせず、皆でハッピーになれる仕事であることに感謝！
★小規模であっても事業を継続するということは素晴らしいこと！
★自身の挫折体験を対人支援に活かす！
★塾講師はカッコいい
★〝大人としての覚悟〟が子どもの意識を変える

おわりに「未来を担う子どもたちへの応援歌」

翼学院には多数の不登校児童・生徒が通塾しています。不登校の原因としてもっとも多いものが「学校の教員の心ない言動」です。ある小学校の校長曰く、「不登校は怠け病」で「発達障がいは、親の甘やかしすぎが原因」だそうです。教育委員会に相談しても、家庭環境の不安定さやお子さんへの関わりの不手際のせいとされ対策についての助言もないまま、片付けられてしまうケースも少なくありません。

もちろん、全国の公立小中学校が一律同じ対応だとは思っていません。確かに、不登校や非行化の原因が家庭環境であるケースも見受けられます。しかし、それとこれとは別、教育の使命は「その子の問題に関する犯人探しをすることではなく、目の前の子を支援すること」にあるのです。

公教育の現場では、お子さんが様々なことに気がついたとしても非常に〝やり直し〟が難しい……。ひとたび問題児というレッテルを貼られたら、教員はなかなか違った見方をしてくれない。些細な変化に気づき、その点を伸ばすことで生徒の生活習慣を変えていくことは十分可能なのに……。

「塾の人数と学校の生徒数では違う」というのは言い訳になりません。私の国語のクラスは50名近くの受講生がいます。また２０１１年度の翼学院の本部教室の中３生は80名を上回ります。私はその一人ひとりと1時間近い三者面談を繰り返しています。また保護者の方の相談にも何時間にも亘って応じています。どんなに忙しくても、どんなに塾生数が多くても、それを言い訳に逃げることはしません。

高校に不合格となった子のことも諦めません。たとえ「頑張っているのは、受験直前期だけだ」と言われる子であったとしても、「頑張ったけれども報われない」という体験を心身にすり込んでしまうことに耐えられないのです。公立中学校でズタズタボロボロになってしまい、学校という名のつく場所には通うことが出来ない子が、内申書のせいで高校に進学できないことが許せないのです。ですから都立高校を落ちてしまった子の場合、その子の長所をいっぱい挙げて私立高校を受験できるよう頼みこみます。結果、概ね80％は都立高校に進学し、残り20％は私立高校に進学します。今まで、進学先がなかった塾生は一人もいません。それでもダメならば、翼学院高等部があります。翼学院でしっかりと学習することで提携校の星槎国際高校を卒業することが出来ます。指定校推薦で大学に進学することもできます。

翼学院との二人三脚（保護者の方も含めた三人四脚）は、お子さんの将来を明るいものとするためのものでもあり、また地域教育のひずみとの戦いでもあるのです。

巻頭の漫画にあるように、明治維新で国を造ってきた志士たちは、藩校（当時の公立学校）でお仕着せの型にはまった教育を受けてきたおりこうさんたちではありません。既存の社会や制度に疑問を感じて、臆せずそれを口にして実践してきた松下村塾や適々斎塾（通称適塾）などの私塾出身のハズレモノたちだったのです。

東日本大震災、長引く不況、アジアなど世界の新興国の発展など、日本を取り巻く環境はとても厳しくなっています。「学校の先生の言うことを素直に聞いて優秀な成績を修め、一流大学、一流会社や官公庁に就職すれば生涯安泰」という神話は、一流大学出身者の就職難、一流会社でのリストラ、など見事に崩れています。

学校から「外れモノ」という烙印を押されてしまった皆さん、どうか負けないで頑張ってください。「不登校」というレッテルを貼られてしまった皆さん、学校生活に疑問を感じるあなたの感性を大切にしてください。また「障がいの可能性あり」と言われている皆さん、「正常」などというのは社会が勝手に決めた枠組みです。「学習が苦手だから」「他者とのコミュニケーションが苦手だから」、それを〝異常〟と決め付けるのはとんでもない話です。

喧嘩して留置所で寝かされたことは数知れずと〝非行〟歴が豊富で、文部科学省の定義する〝不登校〟に確実にあてはまる以上の日数の欠席をし、小学生のときに学校からの指示で発達・知能検査を受け今で言う〝ＡＤＨＤ〟と診断された私が、社会の中で葛藤・格闘しながらもお子さんや保護者の方を支援する立場で踏ん張り続けているのです。これまでに、何度死んでしまおうと考えたか分かりません。ヤバイ世界に片足を突っ込んだことすらあります。現在でも尖がっているがゆえに、既存の制度とぶつかることがたくさんあります。悔しい思いもいっぱいしています。でも今、ここにこうして立っているのです。

皆さんには無限の可能性があります。いや、むしろ学校や社会に対して疑問を感じている皆さんこそ、創造者・改革者として次の時代を担っていく貴重な人材なのです。この本を手に取られたお子さんのなかから、未来の坂本龍馬、スティーブ・ジョブス、アインシュタインが出てくることを心から願ってやみません。

2012年1月

翼学院　学院長　芦澤　唯志

◉ CREDIT
カバーデザイン●ジャパンスタイルデザイン（株）／榎本 明日香
本文デザイン＆ＤＴＰ●小山 弘子
企画協力●（有）イー・プランニング／須賀 柾晶

【著者紹介】
芦澤唯志（あしざわ・ただし）
1967年1月東京生まれ。
早稲田大学政治経済学部政治学科、日本大学大学院総合社会情報研究科博士前期課程修了。
翼学院、翼学院高等部・大学部（サポート校ではなく高卒・大卒が可能）・ツバサ受験指導会学院長。
オリジナルメソッドである芦澤式に基づく学習指導では圧倒的な定評があり、「学校で進学先がないと言われた子を100%志望校合格に導く受験の救世主」と呼ばれている。
【所属学会】日本共生科学会（第一期理事）、日本特殊教育学会、日本比較教育学会
【所属団体】東京商工会議所（葛飾支部評議員）、かつしか異業種交流会（産学連携委員）
東都経済懇話会、東京葛飾ロータリークラブ、亀有交通安全協会
亀有警察署管内不当要求防止責任者連絡協議会

【お問い合わせ】翼学院本部　東京都葛飾区水元4-6-19
Tel:03-5699-5283　E-mail : info@tsubasa-gakuin.jp
【支部校舎】西水元・京成線青砥駅前
【URL】http://www.tsubasa-gakuin.jp

1か月で偏差値20伸ばす芦澤式学習法

初版 1刷発行 ●2012年2月25日

著　者
芦澤 唯志
発行者
薗部 良徳
発行所
㈱産学社
〒101-0061 東京都千代田区三崎町2-20-7 水道橋西口会館7F　Tel.03（6272）9313　Fax.03（3515）3660
http://sangakusha.jp/
印刷所
㈱シナノ

ISBN978-4-7825-3330-7 C0037